RAINER
ZITELMANN

COMO AS NAÇÕES SUPERAM A POBREZA

RAINER ZITELMANN

COMO AS NAÇÕES SUPERAM A POBREZA

70

Rio de Janeiro - 2025

Como as nações superam a pobreza

Edições 70 é um selo da Editora Almedina do Grupo Editorial Alta Books (STARLIN ALTA EDITORA E CONSULTORIA LTDA).

ISBN: 978-65-5427-292-6

Translated from the original German edition Der Aufstieg des Drachen und des weißen Adlers: Wie Nationen der Armut entkommen, © 2023 by Finanzbuch Verlag, Munich, Germany. Translated into English as The Miracle of the Market Economy and the Wealth of Nations - Adam Smith was right: Only economic freedom can defeat poverty, by Rainer Zitelmann, 2023.. Copyright © 2023 by Rainer Zitelmann, Berlin, Germany. All rights reserved. ISBN 9781641773959. Translated into the Portuguese Language for Brazil through mediation of Maria Pinto-Peuckmann, Literary Agency, World Copyright Promotion, Kaufering, Germany. PORTUGUESE language edition published by Almeidna Brarsil Ltda, Copyright © 2025 by STARLIN *ALTA EDITORA E CONSULTORIA LTDA.*

Impresso no Brasil — 1ª Edição, 2025 — Edição revisada conforme o Acordo Ortográfico da Língua Portuguesa de 2009.

Dados Internacionais de Catalogação na Publicação (CIP)
(BENITEZ Catalogação Ass. Editorial, MS, Brasil)

Z82c
1.ed. Zitelman, Rainer
Como as nações superam a pobreza / Rainer Zitelman ; tradução Patrícia Corrêa. - 1.ed. - Rio de Janeiro : Edições 70, 2025.

Título original: How nations escape poverty.
Bibliografia.
ISBN 978-65-5427-292-6

1.Economia - Administração. 2. Liberdade econômica. 3. Pobreza - Aspectos sociais. 4. Prosperidade. 5. Smith, Adam, 1723-1790. 6. Sociedade. I. Corrêa, Patrícia. II. Título.

05-2025/41 CDD 338.1

Índice para catálogo sistemático:
1. Dinheiro : Prosperidade : Economia 338.1
Aline Graziele Benitez - Bibliotecária - CRB-1/3129

Grupo Editorial Alta Books

Produção Editorial: Grupo Editorial Alta Books
Diretor Editorial: Anderson Vieira
Editor da Obra: Marco Pace
Vendas Governamentais: Cristiane Mutüs
Gerência Comercial: Claudio Lima

Produtora Editorial: Andreza Moraes
Tradução: Patrícia Corrêa
Copidesque: Gabriel Branco
Revisão: Merit Educacional
Diagramação: Merit Educacional
Capa: Roberta Bassanetto

ALTA BOOKS
GRUPO EDITORIAL

Rua Viúva Cláudio, 291 — Bairro Industrial do Jacaré
CEP: 20.970-031 — Rio de Janeiro (RJ)
Tels.: (21) 3278-8069 / 3278-8419
www.altabooks.com.br — altabooks@altabooks.com.br
Ouvidoria: ouvidoria@altabooks.com.br

Editora **afiliada à:**

SUMÁRIO

Dr. Rainer Zitelmann

Rainer Zitelmann nasceu em Frankfurt am Main, Alemanha, em 1957. Estudou história e ciência política de 1978 a 1983 e concluiu o curso com distinção. Em 1986, recebeu o título de doutor em filosofia com a tese *Hitler: anticapitalista e revolucionário*, sob a orientação do professor Freiherr von Aretin. O estudo, que obteve a nota "summa cum laude", recebeu atenção e reconhecimento em todo o mundo.

De 1987 a 1992, Zitelmann trabalhou no Instituto Central de Pesquisa em Ciências Sociais da Universidade Livre de Berlim. Em seguida, tornou-se editor-chefe da editora Ullstein-Propyläen, na época o terceiro maior grupo editorial da Alemanha, além de ter chefiado diversos departamentos do principal jornal diário alemão, o *Die Welt*. Em 2000, fundou sua própria empresa, a Dr. ZitelmannPB, GmbH, que desde então se tornou líder de mercado em consultoria de posicionamento para empresas do setor imobiliário na Alemanha. Ele vendeu o negócio em 2016.

Também em 2016, Zitelmann obteve seu segundo doutorado, desta vez em sociologia, com uma tese sobre a psicologia dos super-ricos, orientada pelo professor Wolfgang Lauterbach, da Universidade de Potsdam. Essa segunda dissertação foi publicada em inglês com o título *The wealth elite* (*A elite da riqueza*) e também foi lançada na China, na Coreia do Sul e no Vietnã.

Zitelmann escreveu e organizou um total de 30 livros, que alcançaram grande sucesso e foram traduzidos para 35 idiomas em todo o mundo. Produziu os filmes *Polônia: do socialismo à prosperidade*, *A vida por trás do muro de Berlim* e *Vietnã: vencendo a pobreza com economia de mercado* (todos disponíveis no YouTube).

É um palestrante muito requisitado na Ásia, nos Estados Unidos, na América do Sul e na Europa. Nos últimos anos, escreveu artigos e concedeu entrevistas para muitos dos principais veículos de imprensa do mundo, incluindo *The Wall Street Journal, Newsweek, Forbes, The Daily Telegraph, The Times, Le Monde, Corriere della Sera, Israel Hayom, Frankfurter Allgemeine Zeitung, Der Spiegel* e *Neue Zürcher Zeitung*, além de diversos veículos de comunicação na América Latina e na Ásia.

Informações detalhadas sobre a vida de Rainer Zitelmann podem ser encontradas em rainer-zitelmann.com.

APRESENTAÇÃO

A deslumbrante dúzia: as regras de riqueza e pobreza de Rainer

Rainer Zitelmann é um historiador e filósofo empresarial supremo, um pesquisador genial e um praticante das artes e enigmas da riqueza e da pobreza das nações. Um buscador implacável de fatos, e não de mitos convenientes, ele documenta meticulosamente suas revelações surpreendentes com dados detalhados e bem embasados.

Suas visões iconoclastas podem ser resumidas em doze epifanias-chave:

1. A chave para o crescimento econômico e o empreendedorismo é a admiração e a emulação dos ricos. A chave para a pobreza e a preguiça é a desmoralização dos pobres ao lhes dizer que são vítimas dos ricos.
2. A pobreza decorre da inveja e do ressentimento em relação à riqueza, vista como um jogo de soma zero. A riqueza surge do desejo e da liberdade de se tornar rico em círculos de ganho cada vez maiores. Cidadãos vietnamitas e poloneses hoje têm atitudes mais favoráveis em relação aos ricos do que norte-americanos ou alemães. Assim, as economias do Vietnã e da Polônia cresceram muito mais rápido do que seus rivais ocidentais aparentemente privilegiados. Uma explicação: pesquisas de Zitelmann mostram que visões marxistas radicais são muito mais

comuns nos chamados países "capitalistas" como os EUA e a Europa do que em partes da Ásia ditas "comunistas", como o Vietnã.

3. Cinquenta anos e trilhões de dólares em ajuda ao desenvolvimento, além de cem anos de políticas socialistas assistencialistas, provam que a principal causa da pobreza entre as nações é a redistribuição governamental da riqueza. A principal fonte de nova riqueza e crescimento é a ruptura empreendedora da riqueza estabelecida.
4. Ao redor do mundo, quanto mais "ajuda", menor o crescimento. A análise de centenas de estudos mostra que o crescimento econômico e a fuga da pobreza são inversamente proporcionais ao volume recebido de ajuda ao desenvolvimento. A ajuda externa vai para os governos e chega apenas aos burocratas e "capitalistas de compadrio", não ao povo.
5. A desigualdade sempre aumenta à medida que as pessoas saem da pobreza. Suprimir a desigualdade paralisa o crescimento.
6. O empreendedorismo, ao contrário do socialismo, não pode ser decretado de cima para baixo; ele deve ser liberado de baixo para cima.
7. Reformistas rápidos passam por recessões mais curtas, recuperam-se mais rápido e atraem muito mais investimentos estrangeiros do que os gradualistas.
8. O apoio ao capitalismo em pesquisas aumenta à medida que se evita o uso do termo. Ocidentais deveriam enfatizar dinamismo e liberdade, em vez de associar a riqueza ao "capitalismo".
9. A falha fatal das democracias atuais é dar aos governos e aos bancos centrais o poder de imprimir dinheiro para financiar seus aliados e frivolidades, comprar votos com esquemas de redistribuição e mascarar fracassos com demagogia e assistencialismo. Uma lição alarmante para o Ocidente: Argentina e Venezuela já estiveram entre os países mais ricos do mundo,

mas perderam tudo ao seguir o caminho da luta de classes e do socialismo sob Juan Perón e Hugo Chávez.

10. A Lei do Biquíni de Zitelmann sobre transparência contábil: *menos é mais.* Exemplo: Nguyen Thi Phuong-Thao (a única mulher entre os sete bilionários vietnamitas) começou vendendo máquinas de fax como estudante em Moscou em 1981 e depois fundou a companhia aérea de baixo custo VietJet Air. Para economizar dinheiro com uniformes e agradar os clientes, incentivou as comissárias de bordo a usarem biquínis, o que, segundo ela, "realça belas características" e "faz as pessoas felizes". O mesmo princípio se aplica à contabilidade.
11. A Lei da Corrupção de Zitelmann: *mais é mais.* Quanto maior a influência do governo sobre um país, mais disseminada será a corrupção; quanto mais intervenções burocráticas, mais oportunidades de suborno.
12. A piada final de Zitelmann sobre a Polônia: a Polônia superou o restante da Europa e os EUA em crescimento econômico desde a emancipação da iniciativa privada em 1989, com mais de um milhão de novas empresas privadas criadas em quatro anos e um aumento de 2,5 vezes no PIB *per capita* até 2017.

A teoria da informação por trás do enorme crescimento da economia global baseada no conhecimento (e do meu livro *Life after capitalism*) identifica riqueza como conhecimento, crescimento como aprendizado, dinheiro como tempo tokenizado e novo conhecimento como "surpresa". Na teoria da informação, a informação consiste em "bits inesperados". Apresentando surpresas a cada página, até mesmo para os teóricos mais sofisticados do capitalismo, o livro de Zitelmann faz uma contribuição significativa para a riqueza das nações.

George Gilder, autor de
Wealth & poverty (*Riqueza e pobreza* - 1980) e
Life after capitalism (*Vida após o capitalismo*).

PREFÁCIO

Escrevi diversos livros sobre riqueza — então, por que agora estou escrevendo um livro sobre pobreza? Porque, como resultado da minha pesquisa, cheguei à conclusão, aparentemente paradoxal, de que apenas uma sociedade que permite que as pessoas se tornem ricas e tenham uma atitude positiva em relação à riqueza pode vencer a pobreza.

Pesquisas de opinião representativas que contratei em vários países revelaram que existem dois países em particular nos quais as pessoas têm uma atitude positiva em relação à riqueza e aos ricos: Polônia e Vietnã. Ao mesmo tempo, esses também são dois países nos quais as pessoas — apesar dos diferentes sistemas políticos — têm uma visão mais positiva do termo "capitalismo" do que seus semelhantes na maioria dos outros países.

Esses são dois países que obtiveram ganhos extraordinários em liberdade econômica nas últimas décadas. A Heritage Foundation tem publicado seu Índice de Liberdade Econômica — que também pode ser chamado de índice de capitalismo — todos os anos desde 1995, e em nenhum país de tamanho comparável a liberdade econômica aumentou tanto nesse período quanto na Polônia e no Vietnã.

Além do sucesso econômico, esses dois países compartilham uma história marcada por tragédias: ambos sofreram guerras terríveis que tiraram a vida de milhões de pessoas — a Segunda Guerra Mundial na Polônia e a Guerra do Vietnã. Após esses conflitos, foram estabelecidas em ambos os países economias socialistas planejadas que destruíram o que a guerra havia poupado. Como resultado, o Vietnã foi um dos países mais pobres do mundo e a Polônia um dos países mais pobres da Europa. Neste livro, descrevo a vida nesses países sob a economia planificada e mostro como a maioria da população desses países vivia na miséria.

Os vietnamitas iniciaram um programa de reformas da economia de mercado em 1986, chamado *Doi Moi* ("inovação" ou "renovação"). Alguns anos depois, a Polônia também decidiu implementar reformas de economia de mercado. Em ambos os países, essas reformas ocasionaram um crescimento econômico notável e melhorias significativas nos padrões de vida. Vou ilustrar esses resultados por meio de números e estatísticas, bem como recorrendo a relatos de pessoas que vivem nesses países.

Este livro começa com um capítulo no qual explico a relevância contínua das ideias de Adam Smith, que mostraram que apenas a liberdade econômica pode derrotar a pobreza. Em seguida, demonstro o que *não* ajuda a superar a pobreza, ou seja, o auxílio ao desenvolvimento. Na sequência, analiso como o capitalismo ajudou as pessoas no Vietnã e na Polônia a melhorar seus padrões de vida e escapar das garras da pobreza. Acho que muitos outros países aprenderão muito com suas experiências.

Agradeço a todos os meus amigos no Vietnã e na Polônia que me ajudaram com este livro. Le Chi Mai, de Hanói, realizou traduções e conduziu entrevistas para mim, e agradeço a Nguyen Quoc Minh-Quang, Vu Dinh Loc, Nguyen Trong Hoa, Lam Duc Hung e Nguyen Thi Quat pelas entrevistas que deram. Também gostaria de agradecer ao advogado Oliver Massmann, que trabalha em Hanói há 25 anos e foi fundamental na formulação do Acordo de Livre Comércio EUA-Vietnã, pelos detalhes que forneceu, e Dinh Tuan Minh, um representante de um *think tank* de economia de mercado, que me explicou algumas coisas importantes durante uma conversa em Hanói. Sou particularmente grato ao professor Andreas Stoffers, chefe da Fundação Friedrich Naumann, no Vietnã, que me forneceu inúmeros contatos.

Na Polônia, meu editor Krzysztof Zuber (Wydawnictwo Freedom Publishing) e meu conselheiro Marcin Chmielowski ajudaram-me imensamente — obrigado por isso! Também gostaria de agradecer ao ex-ministro das finanças da Polônia, Leszek Balcerowicz, cujas reformas foram uma das principais razões por trás da recuperação e da ascensão econômica da Polônia. Além disso, quero agradecer a Marcin Zieliński (Forum Obywatelskiego Rozwoju), Marek Tatała (Fundacja Wolności Gospodarczej), Mateusz Machaj (Instytut Edukacji Ekonomicznej im. Ludwiga von Misesa), Alicja Wancerz-Gluza (co-fundadora do Karta Center) e Tomasz Agencki, com quem produzi o filme *Polônia: do socialismo à prosperidade*.

Também gostaria de agradecer a Ansgar Graw, que fez um excelente trabalho editando este livro, e a Sebastian Taylor, que o traduziu para o inglês.

Admiro as pessoas na Polônia e no Vietnã e tenho algo muito pessoal em comum com elas: os dois relacionamentos mais longos e importantes da minha vida foram com Monika, cujos pais vieram da Polônia, e Trang, cujos pais são do Vietnã.

Rainer Zitelmann, dezembro de 2023.

Capítulo I

ADAM SMITH ESTAVA CERTO: SOMENTE A LIBERDADE ECONÔMICA PODE DERROTAR A POBREZA

Sabemos muito pouco sobre o homem Adam Smith. Nem sabemos o aniversário do famoso escocês. Tudo o que sabemos é a data de seu batismo, 5 de junho de 1723 (calendário juliano), o que significa que, de acordo com nosso calendário gregoriano, ele foi batizado em 16 de junho. Ele nunca conheceu seu pai, um funcionário aduaneiro que morreu aos 44 anos, apenas alguns meses antes de Adam Smith nascer.

A pessoa mais importante em sua vida foi sua mãe, que não apenas o criou, mas com quem ele viveu até sua morte em 1784. Smith nunca se casou. Só sabemos que ele se apaixonou duas vezes, mas não havia recíproca, o que pode ter acontecido devido ao fato de que ele não era considerado muito atraente.

Aos 17 anos, ele começou seis anos de estudo em Oxford, mas não se impressionou com a universidade. Posteriormente, chegou a depreciar seus professores, que considerava preguiçosos. Antes dos 30 anos, foi nomeado professor de filosofia moral na Universidade de Glasgow e publicou seu primeiro grande trabalho, T*eoria dos sentimentos morais*. Ele publicou apenas duas obras importantes em toda a sua vida, com *A riqueza das nações*, publicada em 1776, sendo de longe a mais conhecida. Escreveu outros livros, mas os manuscritos foram queimados antes de sua morte, de modo que restaram apenas esses dois livros e vários de seus ensaios e transcrições de suas palestras.

Entre aqueles que nunca leram os livros de Smith, ele às vezes é visto como um defensor do egoísmo extremo, até mesmo, talvez, como o pai espiritual do capitalista radical do estilo Gordon Gekko, que exclama: "a ganância é boa!" no filme *Wall Street*. No entanto, essa é uma imagem distorcida, que decorre do fato de que Smith enfatizou fortemente o interesse próprio nos assuntos econômicos em seu livro *A riqueza das nações*. Essa imagem é definitivamente uma deturpação.

O primeiro capítulo de seu livro *Teoria dos sentimentos morais* começa com uma seção "Da simpatia", na qual ele definiu simpatia como "solidariedade com qualquer paixão".[1] Hoje, provavelmente usaríamos a palavra "empatia": "Por mais egoísta que se suponha o homem, evidentemente há alguns princípios em sua natureza que o fazem interessar-se pela sorte de outros e considerar sua felicidade necessária para si mesmo, embora nada extraia disso senão o prazer de assistir a ela. Dessa espécie é a piedade, ou compaixão, emoção que sentimos ante a desgraça dos outros, quer quando a vemos, quer quando somos levados a imaginá-la de modo muito vívido."[2]

A simpatia de Smith foi especialmente pelos pobres. Smith obteve renda de várias fontes que chagavam a somar 900 libras por ano, o que representava de três a quatro vezes o salário de um professor universitário.[3] Porém, quando o último testamento de Adam Smith foi lido, seu sobrinho Davis Douglas ficou claramente desapontado ao receber muito menos do que esperava. O testamento confirmou aquilo de que os amigos de Smith suspeitavam há muito tempo: ele havia doado quase toda a sua fortuna aos pobres; na maioria das vezes, em segredo. Na verdade, sua generosidade até fez com que tivesse problemas financeiros em certo momento.[4]

Se você ler suas duas obras principais, *A riqueza das nações* e *Teoria dos sentimentos morais*, será difícil encontrar uma única passagem que fale positivamente sobre os ricos e poderosos. Comerciantes e proprietários são quase sempre retratados de modo negativo, principalmente como pessoas que querem fazer valer seus interesses egoístas e que se dedicam à criação de monopólios. "Nossos comerciantes e mestres-fabricantes reclamam muito dos efeitos ruins dos altos salários no aumento do preço e, portanto, na redução da venda de seus produtos tanto em casa quanto no exterior. Eles não dizem nada sobre os efeitos ruins dos altos lucros. Eles ficam em silêncio em relação aos efeitos perniciosos de seus próprios ganhos. Eles reclamam apenas dos de outras pessoas."[5] Ou: "Pessoas do mesmo ofício raramente se encontram, mesmo para diversão e entretenimento, sem que a conversa termine em uma conspiração contra o público, ou em algum artifício para aumentar os preços."[6]

Há mais frases positivas sobre capitalistas no *Manifesto comunista* de Marx e Engels do que em qualquer ponto das obras de Adam Smith. Marx e Engels escreveram com admiração sobre como a burguesia constantemente cria meios de produção mais poderosos do que o fizeram todas as gerações passadas combinadas.

Não há nenhum vestígio de tal admiração no trabalho de Smith; em vez disso, os ricos são alvo de críticas corrosivas. Os defensores de Smith argumentam que isso não reflete nenhum tipo de ressentimento geral contra empresários ou ricos, mas sim a defesa de Smith da livre concorrência e a oposição aos monopólios. Esse é certamente um aspecto, mas ainda assim, lendo suas duas grandes obras tem-se a impressão de que, no final das contas, Smith não gostava dos ricos tanto quanto não gostava de políticos. Ele mesmo não estava livre do ressentimento geralmente nutrido pelos intelectuais contra os ricos.[7]

Por outro lado, há muitas passagens que apresentam simpatia pela condição do "pobre", nas quais ele não se restringiu aos pobres no sentido mais estrito da palavra, mas também ao "não rico", "ou seja, a condição da grande maioria da população que deve trocar trabalho por salário para sobreviver".[8] Em *Adam Smith's America* (*Os Estados Unidos de Adam Smith*), Glory M. Liu analisa a recepção de Adam Smith e apresenta uma revisão sobre o estado da pesquisa relacionada a ele: "Há um acordo quase unânime de que, para Smith, a característica mais importante da sociedade comercial era que ela melhorava a condição dos pobres".[9]

Há uma passagem famosa em *A riqueza das nações*: "Nenhuma sociedade pode seguramente prosperar e ser feliz se a maior parte de seus membros for pobre e miserável. Além disso, é apenas equidade que aqueles que alimentam, vestem e abrigam todo o corpo do povo tenham tal parcela do produto de seu próprio trabalho a ponto de estarem eles próprios razoavelmente bem alimentados, vestidos e abrigados."[10]

Hoje, essas palavras são frequentemente mal interpretadas, sugerindo que Smith defendia a redistribuição de riqueza pelo governo. Essa não era sua intenção, e ele certamente não estava defendendo uma revolução social. Para Smith, a pobreza não era uma condição inevitável. No entanto, acima de tudo, ele desconfiava dos governos. No Capítulo VIII de *A riqueza das nações*, além das frases citadas anteriormente, ele destaca que o único caminho para melhorar o padrão de vida é por meio do crescimento econômico.

O crescimento econômico contínuo é a única maneira de aumentar os salários; uma economia estagnada leva à queda dos salários. Em outros lugares, ele escreve que "a fome nunca teve outra causa senão a violência do governo tentando, por meios impróprios, remediar os inconvenientes da escassez".[11] Sabemos muito bem o quanto ele estava certo 250 anos mais tarde, depois de centenas, se não milhares, de tentativas fracassadas de controlar a inflação com controles de preços.

A "recompensa liberal do trabalho", escreveu Smith, é "o efeito do aumento da riqueza nacional" e enfatiza repetidamente que, "enquanto a sociedade avança para maiores aquisições (...) que a condição do trabalhador pobre, do grande corpo do povo, parece ser a mais feliz e a mais confortável. É dura na estacionária e miserável na condição declinante."[12]

Karl Marx, por outro lado, acreditava que havia descoberto várias "leis" econômicas que obrigatoriamente levariam à queda do capitalismo, como a "tendência da taxa de lucro de cair" ou o empobrecimento do proletariado. Em sua principal obra, *O capital*, Marx formulou isso da seguinte forma:

> Com a diminuição constante do número de magnatas do capital, que usurpam e monopolizam todas as vantagens desse processo de transformação, aumenta a massa da miséria, da opressão, da servidão, da degeneração, da exploração; mas também a revolta da classe trabalhadora, que, cada vez mais numerosa, é instruída, unida e organizada pelo próprio mecanismo do processo de produção capitalista. O monopólio do capital converte-se num entrave para o modo de produção que floresceu com ele e sob ele. A centralização dos meios de produção e a socialização do trabalho atingem um grau em que se tornam incompatíveis com seu invólucro capitalista. O invólucro é arrebentado. Soa a hora derradeira da propriedade privada capitalista (...). No entanto, a produção capitalista gera, com a inexorabilidade de uma lei da natureza, sua própria negação.[13]

Quando *A riqueza das nações* foi publicado em 1776, o capitalismo ainda estava em sua infância e a esmagadora maioria das pessoas vivia em extrema pobreza. A pobreza significava algo muito diferente do que significa hoje. As pessoas eram magras, tinham ossatura pequena — ao longo da história, o corpo humano adaptou-se à ingestão calórica inadequada. "Os trabalhadores de pequena estatura do século XVIII", escreve Angus Deaton em seu livro *A grande saída*, "estavam, na realidade, presos a uma armadilha nutricional — recebiam remuneração baixa porque eram fisicamente fracos e não comiam o bastante porque, sem trabalho, não tinham dinheiro suficiente para comprar comida".[14]

Algumas pessoas elogiam as condições harmoniosas pré-capitalistas, quando a vida era muito mais lenta, mas essa lentidão era principalmente resultado da fraqueza física, devida à desnutrição permanente.[15] Estima-se que, há 200 anos, cerca de 20% dos habitantes da

Inglaterra e da França não eram capazes de trabalhar. Como explica Johan Norberg em seu livro *Progresso*, "No máximo, eles tinham energia suficiente para algumas horas de caminhada lenta por dia, o que condenou a maioria deles a uma vida de mendicância".[16]

Smith previu que apenas uma expansão do mercado poderia levar ao aumento da prosperidade — e isso é precisamente o que aconteceu desde o fim das economias planejadas socialistas. Somente na China, a introdução da propriedade privada e as reformas de mercado reduziram o número de pessoas que viviam em extrema pobreza de 88% em 1981 para menos de 1% hoje. Quando perguntei ao economista de livre mercado Weiying Zhang, da Universidade de Pequim, o quanto Smith é relevante para a China, ele respondeu: "O rápido desenvolvimento econômico da China nas últimas quatro décadas é uma vitória do conceito de mercado de Adam Smith". Ao contrário das interpretações predominantes no Ocidente, o crescimento econômico e o declínio da pobreza na China não ocorreram "por causa do Estado, mas apesar do Estado", explicou Weiying Zhang, e foram ocasionados pela introdução da propriedade privada.

Enquanto Karl Marx acreditava que a condição dos pobres só poderia ser melhorada com a abolição da propriedade privada, Smith acreditava no poder do mercado. Ele não era um defensor de uma utopia libertária sem o Estado; acreditava que os governos tinham funções importantes a cumprir. No entanto, em 1755, duas décadas antes de *A riqueza das nações* surgir, ele alertou em uma palestra:

> O homem é geralmente considerado por estadistas e planejadores como o material de uma espécie de mecânica política. Os planejadores perturbam a natureza no curso de suas operações em assuntos humanos; ela não requer mais do que deixá-la em paz, e dar-lhe equidade na busca de seus fins, para que ela possa estabelecer seus próprios projetos (...) Todos os governos que frustram esse curso natural, que forçam as coisas a outro canal, ou que se esforçam para deter

o progresso da sociedade em um determinado ponto, não são naturais e são obrigados a serem opressivos e tirânicos para se sustentarem.[17]

Essas eram, de fato, palavras proféticas. O maior erro que os planejadores sempre cometeram foi o de se apegarem à ilusão de que é possível planejar uma ordem econômica no papel. Eles acreditam que um autor, sentado a uma mesa, pode moldar uma ordem econômica ideal e que tudo o que resta é convencer políticos suficientes a implementar essa nova ordem econômica na prática.

Friedrich August von Hayek mais tarde chamou essa abordagem de "construtivismo", dizendo: "A ideia de pessoas racionais reunindo-se para discutir como reconstruir o mundo é talvez o resultado mais marcante dessas teorias de planejamento".[18] De acordo com Hayek, a visão antirracionalista dos eventos históricos que Smith compartilhou com outros pensadores do Iluminismo escocês, como David Hume e Adam Ferguson, "permitiu-lhes, pela primeira vez, compreender como as instituições e a moral, a linguagem e o direito evoluíram por meio de um processo de crescimento cumulativo, e que só com esse cenário e dentro dele que a razão humana pôde evoluir e funcionar com sucesso".[19]

À maneira de um historiador da economia, Smith descreveu o desenvolvimento econômico, em vez de propor um sistema ideal.

Hoje, Smith é frequentemente criticado por enfatizar a importância do interesse próprio. Ele enfatizou a importância do egoísmo, precisamente porque as pessoas precisam da ajuda de outras pessoas o tempo todo. No entanto, pensou que, ao fazer isso, as pessoas não poderiam confiar apenas na boa vontade dos outros. Foi nesse contexto, a propósito, que ele empregou o termo "mão invisível", pelo qual se tornou tão famoso, embora essa expressão apareça apenas três vezes em todo o conjunto de obras de Smith (aliás o mesmo ocorre com Schumpeter em relação à expressão "destruição criativa", usada apenas duas vezes).

Como todo indivíduo procura, portanto, tanto quanto pode, empregar seu capital em apoiar a indústria doméstica, e assim dirigir aquela indústria para que sua produção seja do máximo valor, todo indivíduo necessariamente trabalha para tornar o rendimento anual da sociedade o maior que puder. De fato, em geral, ele nem pretende promover o interesse público nem sabe quanto o está promovendo (...) e nisso, como em muitos outros casos, é só levado por uma mão invisível a promover um fim que não era parte de sua intenção. E tampouco é sempre pior para a sociedade que não tivesse este fim. Seguindo seu próprio interesse, ele frequentemente promove o da sociedade mais efetivamente do que quando realmente pretende promovê-la. Nunca soube de grande bem feito por aqueles que aparentavam comerciar para o bem público.[20]

O economista Ludwig von Mises enfatizou que é um erro contrastar ações egoístas e altruístas. Felizmente, ele explica, "O poder de escolher se minhas ações e condutas servirão a mim mesmo ou aos meus semelhantes não me é dado (...) Se fosse, a sociedade humana não seria possível".[21] E Friedrich August von Hayek descreveu como a maior contribuição de Adam Smith para o pensamento científico — apontando muito além da economia — "sua noção de uma ordem espontânea que cria estruturas complexas como uma mão invisível".[22]

Entretanto, o trabalho de Smith também foi submetido a fortes críticas de dentro do círculo de economistas de livre mercado. O economista americano libertário Murray N. Rothbard, em sua monumental obra *História do pensamento econômico I: Uma perspectiva austríaca — antes de Adam Smith*, não mede as palavras em sua difamação de Smith, argumentando que ele não era de forma alguma o defensor da economia de livre mercado como ele é comumente retratado. Na verdade, Rothbard alega que a errônea teoria do valor–trabalho de Smith o torna o precursor de Karl Marx e afirma que os marxistas certamente teriam razão em citar o filósofo escocês e saudá-lo como a inspiração final de seu próprio pai fundador.[23] De acordo com Rothbard, Smith não conseguiu entender a função econômica do empreendedor e até ficou abaixo dos insights fornecidos por economistas como Richard Cantillon,[24] apoiando limites estatais sobre a taxa de juros, altos impostos sobre o consumo de luxo e a ampla intervenção do governo na economia.[25] Em um âmbito pessoal, Rothbard diz que Smith também não era confiável porque já havia feito campanha pelo livre comércio, mas passou os últimos 12 anos de sua vida como comissário da alfândega escocesa.[26]

Grande parte dessa crítica é certamente justificada, e ainda assim seria errado chamar Adam Smith de esquerdista. Até mesmo o filósofo americano Samuel Fleischacker, que enfatiza as tendências esquerdistas de Smith, admite que ele não necessariamente se identificaria com os social-democratas contemporâneos e tampouco defenderia o estado de bem-estar social moderno.[27]

Contra essa crítica está a profunda desconfiança de Smith em relação à intervenção do governo na economia e sua fé quase ilimitada na "mão invisível" que orienta os mercados na direção certa. De acordo com Smith, quando a economia está arruinada, a causa nunca é a ação de empresários e comerciantes, mas sempre o Estado: "As grandes nações nunca são empobrecidas pela prodigalidade privada, mas, por vezes, são pela pública, bem como por má conduta", ele escreveu em sua grande obra *A riqueza das nações*.[28] E acrescentou, com otimismo: "O esforço uniforme, constante e ininterrupto de cada homem para melhorar sua condição, o princípio do qual a opulência pública e nacional, bem como a privada, são originalmente derivadas, é frequentemente poderoso o bastante para manter o progresso natural das coisas rumo ao aperfeiçoamento, a despeito tanto da extravagância do governo quanto dos maiores erros de administração. É como o princípio desconhecido da vida animal, que frequentemente restaura a saúde e o vigor à constituição, a despeito não só da doença, mas das prescrições absurdas do médico."[29]

A metáfora diz muito: os agentes econômicos privados representam um desenvolvimento saudável e positivo, enquanto os políticos obstruem a economia com seus regulamentos insensatos. Adam Smith teria sido muito cético se, hoje, pudesse ver os governos da Europa e dos Estados Unidos intervindo cada vez mais na economia e os políticos que acreditam ser mais inteligentes que o mercado.

Uma das falhas de Smith foi não compreender a função econômica do empreendedor, que mais tarde foi tão brilhantemente elaborada por pensadores como Joseph Schumpeter. Erroneamente, ele entendeu o empreendedor principalmente como um gerente ou líder de negócios, não como um inovador. Smith reconheceu a importância da "empatia", mas não a igualou ao empreendedorismo em nenhum momento de seu trabalho. Hoje, vemos como Steve Jobs e outros empreendedores entenderam as necessidades e sentimentos de seus clientes melhor e mais cedo que os próprios clientes; que a empatia — e não a "ganância" — é de fato a base do sucesso empresarial e o fundamento do capitalismo.

O fracasso de Smith em entender o papel do empreendedor e seu evidente ressentimento pelos ricos são de fato características que Smith compartilha com aqueles situados à esquerda do espectro político. No entanto, isso não se aplica à sua defesa de melhores condições para os trabalhadores. Afinal, de acordo com Smith, não seria possível melhorar a situação das pessoas comuns a partir da redistribuição e da intervenção estatal excessiva, mas sim por meio do resultado natural do crescimento econômico, que, por sua vez, precisava de uma coisa acima de tudo: liberdade econômica. Na medida em que a liberdade econômica prevalecer e os mercados se expandirem, o padrão de vida das pessoas também aumentará. Trezentos anos após o nascimento de Smith e cerca de 250 anos após a publicação da sua principal obra, sabemos que o filósofo moral e economista estava certo: a propriedade privada e a economia de mercado são os fundamentos do crescimento, e se o Estado não interferir demais na economia a vida de todos melhorará, especialmente a dos pobres.

Os defensores do capitalismo não conseguiram colocar precisamente essas correlações no centro de sua defesa da economia de mercado: não são necessariamente os fortes que precisam da economia de mercado, porque eles, de alguma maneira, sobreviverão em qualquer sistema; são os fracos e os pobres, cuja única chance de melhorar suas condições de vida está em uma economia de livre mercado.

Capítulo II

O QUE AJUDA CONTRA A POBREZA (E O QUE NÃO AJUDA)

Frank Bremer dedicou sua vida à luta contra a pobreza e esteve envolvido no auxílio ao desenvolvimento em 30 países da África, da Ásia Central, do Caribe e do Oceano Índico, preparando projetos nas áreas de desenvolvimento rural e meio ambiente. Depois de mais de 50 anos de envolvimento com o auxílio ao desenvolvimento, ele emitiu uma avaliação amarga: "O auxílio ao desenvolvimento é um projeto que realiza atividades ineficazes para um objetivo inalcançável (a redução da pobreza) para um grupo-alvo erroneamente selecionado (pequenos agricultores africanos) com um método que não funciona (ajuda para a autoajuda) em um formato ineficaz (o projeto) que, como um êxito passageiro, não deixa vestígios duradouros em nenhum envolvido além de boas lembranças, usa a maioria dos fundos para a implementação do projeto e, portanto, pega o que era originalmente uma boa ideia e desperdiça uma grande quantidade de dinheiro".[1]

Seu julgamento parece muito duro — e vou mostrar, com base em pesquisas objetivas, onde Bremer acerta e onde exagera. Digo antecipadamente: a luta contra a pobreza continua sendo uma das tarefas mais importantes da humanidade, mas o auxílio para o desenvolvimento (a expressão politicamente correta para isso agora é "cooperação para o desenvolvimento") é o meio errado de alcançar esse nobre objetivo.

Em muitos casos, nada conseguiu alcançar. Em outros, alcançou o oposto daquilo que pretendia.

Em seu livro *50 Jahre Entwicklungshilfe — 50 Jahre Strohfeuer (50 anos de auxílio ao desenvolvimento — 50 anos de êxito passageiro)*, Bremer reproduz um diálogo entre o chefe de uma comunidade aldeã e um trabalhador de desenvolvimento alemão ("especialista em autoajuda"). O diálogo é fictício, mas composto de trechos de conversas reais realizadas nas décadas de experiência prática de Bremer em trabalho de campo. Bremer conduziu a verificação de progresso para esse projeto. Gostaria de citar o diálogo completo, no qual C é o chefe da comunidade e S é o especialista em autoajuda.

> C: Senhor, precisamos de uma pequena represa para fornecer água aos nossos bovinos e aos agricultores na estação de seca.
> S: Esse é um objetivo muito sensato, mas deixe-me explicar o que você precisa primeiro. Você precisa melhorar sua capacidade de gerenciamento para enfrentar um projeto como uma represa; você precisa de ferramentas analíticas, reuniões e treinamento sobre como realizar reuniões e lidar com a dinâmica do grupo, além de pensar em como envolver as mulheres; você precisa de técnicas de negociação e tomada de decisão, que você pode aprender consultando nossos especialistas, você precisa...
> C: Oh, senhor, parece que tudo isso vai levar muito tempo. Se a água fresca permanecer na boca por muito tempo, ela se transforma em saliva. E nossa represa?
> S: Um passo de cada vez, você precisa ser mais orientado para o processo. Acredite em mim, nossos especialistas em autoajuda sabem o que você precisa para conseguir sua represa.
> C: Ok, uma vez que tenhamos feito tudo isso, temos nossa represa?
> S: Certamente é possível. No entanto, antes de lidar com um grande projeto como uma represa, você deve dar os primeiros passos; por exemplo, cavando um poço à mão, sem uma bomba

e guincho ou qualquer coisa.

C: Senhor, temos poços e furos suficientes, e alguns deles até têm bombas manuais. O que precisamos é de uma represa.

S: Pergunte às mulheres da aldeia. Tenho certeza de que há algumas que ainda não têm um poço.

C: Ok, o mendigo não pode escolher muito. Vamos cavar um poço. Vamos ter uma represa então?

S: Isso depende de você. Cinquenta-cinquenta de participação em dinheiro, além de fornecimento de mão-de-obra e materiais de construção; dinheiro a ser pago antecipadamente.

C: Cinquenta por cento, senhor? Isso é demais para a maioria das famílias.

S: Pode até ser, mas se você não contribuir com 50 por cento, seu sentimento de posse a longo prazo não será forte o suficiente. 49 por cento não é suficiente.

C: Ok, você receberá seus 50 por cento. Então teremos nossa represa?

S: Isso depende de tantos fatores: podemos financiar os outros 50 por cento? É tecnicamente viável? Temos tempo suficiente? De qualquer modo, lembre-se sempre de que, para você, o processo de aprendizagem é mais importante do que o resultado. Vejo você na próxima reunião.[2]

Bremer garante que, embora o diálogo acima pareça caricato, ele realmente aconteceu. Como resultado, nenhuma represa ou bacia de retenção foi construída, mas o grupo-alvo foi ensinado, em teoria, a se ajudar. O conceito de "ajudar as pessoas a se ajudarem" é frequentemente explicado com o ditado "Em vez de dar peixe aos pobres, ensine-os a pescar". Bremer não gosta muito dessa analogia de pesca, mesmo que pareça plausível à primeira vista: "Em todo o mundo, as pessoas que vivem à beira d'água sabem pescar, seja com varas, redes, armadilhas ou lanças, e como conservar o peixe, defumando-o, secando-o ou mergulhando-o em salmoura".[3] Eles não precisam de auxiliares de desenvolvimento para isso.

Claro, o ditado não se destina a ser tomado literalmente, mas a servir de exemplo. No entanto, Bremer critica o próprio princípio do auxílio ao desenvolvimento, que é baseado nos chamados "projetos". Embora haja tanta conversa sobre sustentabilidade hoje, esses projetos raramente são sustentáveis. Quase ninguém se preocupa com o que aconteceu com esses projetos, por exemplo, dez anos depois que eles chegaram ao fim. Se você dirigir pelo interior da África, passará constantemente por placas enferrujadas de projetos, às vezes até de vários doadores no mesmo local: elas lembram lápides, os últimos sinais remanescentes de que houve alguma coisa lá. Não sobra dinheiro nem mesmo para desmontar as placas no final do projeto — na melhor das hipóteses, elas são usadas pelos ferreiros da aldeia para fazer panelas.

Enquanto estavam em execução, muitos desses projetos foram bastante bem-sucedidos, já que havia dinheiro suficiente para materiais, recursos operacionais, veículos e altos salários. No entanto, assim que o financiamento acabou, ficou claro que esses projetos altamente subsidiados nada mais eram que "lançamentos antieconômicos de êxito passageiro" dos quais nada restava depois de terminados.[4]

Bremer conhece particularmente bem a Costa do Marfim, um país da África Ocidental que é o maior exportador de cacau do mundo. Já em 1977, o etnólogo, sociólogo e economista do desenvolvimento escreveu sua tese de doutorado sobre a história da produção de cacau na Costa do Marfim e ainda vive lá hoje. Sua avaliação dos projetos de auxílio ao desenvolvimento no país é dura: com exceção de um projeto florestal, nenhum dos 24 projetos concluídos teve impacto a longo prazo: "avaliados de acordo com esse critério, todos fracassaram ou tiveram apenas êxito passageiro, custando um total de 125 milhões de euros".[5]

Outro exemplo de Bremer diz respeito à construção e manutenção de uma farmácia veterinária na capital econômica do Burundi, Bujumbura. O projeto durou 22 anos com o mesmo especialista contratado, mas a farmácia tornou-se inviável pouco tempo depois do fim do financiamento e teve de fechar. "Isso é o que acontece", disse Bremer, "quando o auxílio ao desenvolvimento entra no terreno do setor privado, mas dispensa análises de necessidades, planos de negócios e cálculos de lucratividade e, portanto, usa o dinheiro dos contribuintes para criar um *playground* subsidiado para profissionais contratados".[6]

Quando o financiamento acaba, um projeto é encerrado, embora isso não impeça os auxiliares de desenvolvimento de criar um projeto semelhante alguns anos depois no mesmo ou em outro país, cujo fracasso é igualmente certo desde o início.

A conclusão geral de Bremer é, portanto, devastadora: "Isso já dura 50 anos, e toda a indústria internacional de ajuda ao desenvolvimento, que é financiada com fundos públicos, vive desse tipo de projeto. Os supostos beneficiários, os agricultores pobres, que deveriam ser ajudados por esses projetos, não estão menos pobres no final das contas e são mais uma vez deixados à própria sorte. Em vez de ajudar os pobres, esses projetos criam inúmeros empregos para profissionais contratados e seus supervisores nas sedes das organizações de ajuda."[7]

William Easterly, professor de economia e estudos africanos da Universidade de Nova York, descreve a ajuda ao desenvolvimento como em grande parte inútil, muitas vezes até contraproducente. Aqui está apenas um exemplo do seu livro *The white man's burden: why the West's efforts to aid the rest have done so much ill and so little good (O fardo do homem branco: por que os esforços do Ocidente para ajudar o restante fizeram tanto mal e tão pouco bem)*: ao longo de duas décadas, 2 bilhões de dólares em ajuda ao desenvolvimento foram gastos na construção de estradas na Tanzânia. Porém, a rede rodoviária não melhorou em nada. Como as estradas não eram conservadas, elas se deterioravam em ritmo mais rápido do que os doadores podiam construir novas, relata Easterly. A "indústria do crescimento" na Tanzânia, por outro lado, era uma burocracia gigantesca. "A Tanzânia produziu mais de 2.400 relatórios por ano para seus doadores, que enviaram ao já abalado país

1.000 missões de funcionários doadores por ano." A ajuda externa, observa Easterly, não forneceu o que os pobres precisavam (estradas), mas muito do que os pobres dispensavam (burocracia).[8]

Nascida na Zâmbia, Dambisa Moyo vive nos Estados Unidos desde o início da década de 1990, onde continuou suas pesquisas com uma bolsa de estudos. Ela estudou química pela primeira vez na Universidade Americana em Washington, D.C., e, depois de receber seu diploma de bacharel, completou um programa de MBA em finanças. Ela também completou um mestrado na Kennedy School of Government da Universidade de Harvard e concluiu seu doutorado em economia pela Universidade de Oxford. Em seu livro *Dead aid (Ajuda morta)*, Moyo discorda do auxílio ao desenvolvimento. De acordo com ela, um estudo do Banco Mundial mostra que mais de 85 por cento do dinheiro de auxílio acaba sendo usado para fins diferentes dos originalmente pretendidos, muitas vezes desviados para projetos improdutivos.[9] Mesmo onde o dinheiro é usado para projetos que realmente fazem sentido por si só, quaisquer impactos positivos de curto prazo são frequentemente neutralizados por consequências negativas de longo prazo — por exemplo, porque os projetos de auxílio destroem empresas locais nos países que deveriam estar ajudando.

Em muitos casos, a moda determina quais tópicos recebem mais fundos. Por exemplo, surgiu uma tendência em torno de fazendas ecológicas: de acordo com Bremer, "por 12 anos elas permaneceram um *playground* inconsequente para especialistas contratados e seus especialistas técnicos, que buscavam a agricultura ecológica e/ou apropriada ao local que se tornou tão na moda. Ao todo, cerca de 20 milhões de euros afundaram na areia da savana."[10]

O público em geral nos países doadores não está interessado. Os projetos são realizados em lugares muito distantes, de modo que, se eles realmente fazem ou não alguma diferença, é um assunto a ser debatido (ou não) entre acadêmicos. Os políticos e a mídia estão compreensivelmente mais preocupados com questões que preocupam e interessam os eleitores e leitores nos países doadores — e não se os bilhões em auxílio ao desenvolvimento estão sendo empregados com sabedoria. No máximo, os políticos ou a mídia às vezes perguntam criticamente se faz sentido, por exemplo, a Alemanha enviar grandes somas em auxílio ao desenvolvimento para a China — 630 milhões de euros apenas em 2017.[11]

Os defensores do auxílio ao desenvolvimento gostam de salientar que a pobreza diminuiu extremamente nas últimas décadas: em 1981, a taxa de pobreza absoluta era de 42,7 por cento; em 2000, havia caído para 27,8 por cento, e em 2021, estava abaixo de 9 por cento.[12] É um sucesso incrível, porém não foi algo conquistado por causa, mas apesar do auxílio ao desenvolvimento. Acima de tudo, o declínio no número de pessoas pobres em todo o mundo deve-se ao desenvolvimento em dois Estados populosos da Ásia — China e, em menor intensidade, Índia. Escrevi muito sobre a China em meus livros *The power of the capitalism (O poder do capitalismo)* e *Em defesa do capitalismo*. Portanto, gostaria de repetir agora apenas isto: no final da década de 1950, durante o maior experimento socialista da história humana, o Grande Salto Adiante de Mao, cerca de 45 milhões de chineses morreram, a maioria de fome. Mesmo em 1981, após o fim da economia planificada socialista de Mao, 88 por cento dos chineses viviam em extrema pobreza. Foi apenas pela introdução da propriedade privada e das reformas capitalistas que o número de chineses que vivem em extrema pobreza caiu para cerca de 0,5 por cento hoje.

O Vietnã, que ainda era um dos países mais pobres do mundo no início da década de 1990, também reduziu a proporção de sua população que vive na pobreza de 80 por cento para menos de 5 por cento como resultado das reformas de livre mercado da Doi Moi, que começaram em 1986 — tenho mais a dizer sobre isso no Capítulo 3.

Mas vamos voltar ao tópico em questão: auxílio ao desenvolvimento. O quadro pintado por autores como Frank Bremer, William Easterly e Dambisa Moyo é muito parcial? Em 2000, um estudo dos economistas americanos Craig Burnside e David Dollar[13] sobre "Ajuda, políticas e crescimento" chamou muita atenção. Os autores tentaram demonstrar que, sob certas condições — especialmente onde os países receptores eram bem governados —, o auxílio ao desenvolvimento contribuiu para o crescimento.

O economista Tomi Ovaska revisou os resultados em um artigo publicado em 2003 ("The failure of development aid" — "O fracasso da ajuda do desenvolvimento") e apresentou cálculos para 86 países em desenvolvimento entre 1975 e 1998. Ele chegou à conclusão de que a ajuda ao desenvolvimento na verdade teve um efeito negativo no crescimento. "Em particular, verificou-se que um aumento de 1 por cento na ajuda como porcentagem do PIB diminuiu o crescimento anual do PIB real per capita em 3,65 por cento." Além disso, ele não encontrou nenhuma confirmação nos dados da tese de Burnside e Dollar de que uma melhor qualidade do governo leva a uma maior eficácia da ajuda.[14] Ele, portanto, chegou a uma recomendação diferente: "Ajudar e incentivar os países em desenvolvimento a criar ambientes de negócios compatíveis com os mercados livres é uma maneira promissora e potencialmente econômica de liberar o esforço e a criatividade individuais nesses países".[15]

William Easterly, que já citei acima, usou os mesmos dados que Burnside e Dollar em um artigo também publicado em 2003 ("Can foreign aid buy growth?" —"A ajuda externa pode comprar crescimento?"), junto com dados adicionais, e concluiu que as alegações de que o auxílio ao desenvolvimento tem um efeito positivo em países com boa estrutura política não suportam um exame mais minucioso.[16] Um estudo estatístico detalhado que cobriu um período de 24 anos — entre 1970 e 1993 — revelou que o auxílio ao desenvolvimento nada fez pelo crescimento econômico dos países beneficiários.[17]

Easterly também observa que "o Banco Mundial revisa apenas 5 por cento de seus empréstimos após três a dez anos seguintes ao último desembolso para o impacto no desenvolvimento".[18] Isso significa que as pessoas não estão interessadas nos impactos do auxílio ao desenvolvimento — ou deliberadamente não observam mais atentamente os resultados.

Quatro anos depois, Easterly publicou outro artigo sobre o tema: "Was development assistance a mistake? ("A assistência ao desenvolvimento foi um erro?"). Nos últimos 42 anos, US$ 568 bilhões (em dólares de 2007) fluíram para a África, mas nenhum crescimento mensurável no PIB real *per capita* foi registrado. Os 25 por cento que mais obtiveram ajuda dentre todos os países beneficiários receberam 17 por cento do PIB em ajuda nesses 42 anos, mas o crescimento do PIB *per capita* foi próximo de zero.[19] Ao mesmo tempo, os países que tiveram alto crescimento, especialmente Índia, China e Vietnã, receberam comparativamente pouco auxílio ao desenvolvimento.[20]

A avaliação geral de Easterly sobre o auxílio ao desenvolvimento é severa: "uma ênfase nos empréstimos feitos em vez de nos resultados desses empréstimos, um excesso de relatórios que ninguém lê, um gosto por grandes estruturas e cúpulas mundiais, exortações morais a todos em vez de uma agência assumir a responsabilidade por uma coisa, especialistas técnicos estrangeiros a quem ninguém está ouvindo, clínicas de saúde sem medicamentos, escolas sem livros didáticos, estradas e sistemas de água construídos mas não conservados, governos financiados por ajuda que permanecem no poder apesar da corrupção e da má gestão econômica e assim por diante".[21]

O que realmente ajuda não são os especialistas com sua presunção de conhecimento, mas os desenvolvimentos espontâneos do mercado, desenvolvimentos que devem vir de baixo.[22] A economia de livre mercado, explica Easterly em seu livro *White man's burden*, funciona, mas não pode ser imposta de cima.[23]

Por natureza — e em contraste distinto com os modelos socialistas de planejamento econômico —, o capitalismo é uma ordem social que emerge como resultado de um desenvolvimento espontâneo, em vez de um sistema que se baseia na invenção e no planejamento humanos.

A consequência dessa constatação é, para Easterly, uma maior humildade: "Portanto, o Ocidente não pode projetar uma reforma abrangente para um país pobre que crie leis benevolentes e boas instituições para fazer os mercados funcionarem. Já vimos que as regras que fazem os mercados funcionarem refletem uma busca social complexa de baixo para cima por normas, redes de relacionamentos e leis e instituições formais que proporcionem o maior retorno. Para piorar as coisas, essas normas, redes e instituições mudam em resposta a circunstâncias alteradas e à própria história passada."[24]

Para demonstrar isso, Easterly apresenta um exemplo da China: na pequena aldeia de Xiaogang, na província de Anhui — o coração da região de cultivo de arroz da China —, cerca de 20 famílias realizaram uma reunião secreta em 1978. Os moradores estavam desesperados, porque a coletivização da agricultura e a abolição da propriedade privada levaram à fome e à pobreza extrema — como havia acontecido na União Soviética. Portanto, em muitas aldeias da China, as pessoas de fato reintroduziram a propriedade privada, embora fosse proibido. Eles dividiram a terra e todos foram autorizados a manter o que produziram em seu pedaço de terra.

Embora os aldeões mantivessem seu acordo em segredo, a produção de arroz em Xiaogang disparou e os resultados foram tão espetaculares que não permaneceram em segredo por muito tempo. Quando os moradores de outras aldeias descobriram o que estava acontecendo em Xiaogang, também colocaram em prática a agricultura individual.[25] Nessa época, Deng Xiaoping havia iniciado suas reformas de livre mercado e o Estado não impediu mais as pessoas de procurarem por melhores soluções de livre mercado.

No entanto, muito antes de a proibição oficial da agricultura privada ser suspensa, em 1982, houve iniciativas espontâneas por parte de camponeses em toda a China que, ao contrário da crença socialista, efetivamente reintroduziram a propriedade privada.[26] Os resultados foram incrivelmente positivos: a produção agrícola aumentou rapidamente, as pessoas não eram mais deixadas para morrer de fome. Em 1983, quase toda a agricultura na China havia sido descoletivizada. O grande experimento socialista de Mao, do qual tantos milhões de pessoas foram vítimas, chegou ao fim. Neste livro, uso os exemplos do Vietnã e da Polônia para mostrar que os governos desempenham um papel importante, mas que as reformas que eles "impõem" de cima para baixo muitas vezes apenas sancionam o que já estava acontecendo de baixo para cima.

Em 2009, o economista dinamarquês Martin Paldam, da Universidade de Aarhus, publicou um artigo no renomado *Journal of Economic Surveys* intitulado "The aid effectiveness literature: the sad results of 40 years of research" ("A eficácia do auxílio na literatura: os tristes resultads de 40 anos de pesquisa"). Paldam examinou 97 estudos científicos sobre a eficácia do auxílio ao desenvolvimento. Ele conduziu várias meta-análises, ou seja, procedimentos estatísticos que resumem e avaliam os resultados de vários estudos sobre uma mesma questão. Suas descobertas: "Nossas três meta-análises da literatura sobre a eficácia do auxílio não conseguiram encontrar evidências de um efeito significativamente positivo do auxílio. Consequentemente, se houver um efeito, ele deve ser pequeno. O auxílio ao desenvolvimento é uma atividade que se mostrou difícil de ser feita corretamente."[27]

Em junho de 2017, os economistas alemães Axel Dreher e Sarah Langlotz dedicaram-se às mesmas questões e examinaram os efeitos do auxílio ao desenvolvimento em 96 países beneficiários no período entre 1974 e 2009. Eles descobriram que a ajuda bilateral nada pode fazer para aumentar o crescimento econômico. Nos anos da Guerra Fria, de acordo com outra descoberta, o auxílio ao desenvolvimento teve, na verdade, um impacto negativo no crescimento econômico. "Também investigamos o efeito do auxílio na poupança, no consumo e no investimento e não encontramos nenhum efeito do auxílio na amostra geral ou em nossas subamostras."[28]

Os autores quase se desculpam por publicar essas descobertas deprimentes, mas sentem-se obrigados a fazê-lo, já que muitas publicações são caracterizadas por uma mente estreita e bem intencionada em relação ao tópico: "Ainda acreditamos que é importante mostrar e publicar esses resultados, pois a literatura publicada sobre a eficácia do auxílio tende a ser excessivamente otimista, devido a vieses institucionais dos autores na literatura sobre a eficácia do auxílio e o conhecido viés dos periódicos para publicar (apenas) resultados significativos".[29]

Como vimos, o auxílio ao desenvolvimento não parece ajudar no combate à pobreza a longo prazo. No entanto, isso não significa que devemos parar de fornecer ajuda humanitária, por exemplo, em resposta a desastres naturais ou à fome. Tal ajuda é válida e importante. Entretanto, não é isso que se entende por auxílio ao desenvolvimento ou cooperação para o desenvolvimento.

Se o auxílio ao desenvolvimento não ajuda no crescimento econômico, então talvez ajude no desenvolvimento de estruturas democráticas em uma sociedade? Este também não é o caso, como mostra um estudo publicado em abril de 2005. Os autores Simeon Djankov, Jose G. Montalvo e Marta Reynal-Querol examinaram dados de 108 países receptores durante um período de quase 40 anos e concluíram que "a ajuda externa tem um impacto negativo na democracia".[30] Se as descobertas de tantos estudos científicos são tão claras, por que a crença de que o auxílio ao desenvolvimento é a melhor maneira de tirar as nações da pobreza persiste tão obstinadamente? Acho que é por causa do que eu chamo de crenças de soma zero. Muitos acreditam que os países pobres só são pobres porque os países ricos tiraram algo deles. A implicação é que os países ricos têm que desistir de parte de sua riqueza para que os países pobres tenham uma situação melhor.

Isso é uma ilusão, porque as suposições de soma zero nas quais essa crença se baseia são falsas. Na sociologia econômica, um jogo de soma zero descreve uma constelação na qual a soma dos ganhos dos jogadores é zero. O ganho de um jogador é automaticamente a perda de outro jogador. Jogos de soma diferente de zero, por outro lado, são jogos em que a soma dos ganhos dos jogadores não é constante. Em tais jogos, ambas as partes podem ganhar ou perder, ou uma parte pode ganhar sem que a outra perca e assim por diante.

Os pesquisadores acreditam que a crença de soma zero tem suas raízes em sociedades pré-capitalistas, onde situações com recursos limitados eram a norma. Em seu artigo de 2010, "Zero-sum bias: perceived competition despite unlimited resources" ("O viés da soma zero: a competição percebida a despeito de recursos ilimitados"), Daniel V. Meegan conclui que: "Quando os recursos são limitados, a alocação de recursos desejáveis significa que esses recursos serão em breve esgotados".[31]

O economista norte-americano Paul H. Rubin mostrou que a economia popular, ideias populares ou amadoras sobre a vida econômica, estão inteiramente focadas na questão da distribuição da riqueza, e não em como essa riqueza é produzida.[32] "O ponto-chave é o seguinte: a economia popular é a economia da alocação de riqueza, não da produção. Pessoas ingênuas ou pessoas sem formação em economia pensam nos preços como alocação de riqueza, mas não como influência na alocação de recursos ou na produção de bens e serviços. Na economia popular, a quantidade de um bem negociado — seja em conjunto ou por cada indivíduo — é fixa e independente do preço. Além disso, cada indivíduo está preocupado com a distribuição de riqueza e renda (...), não com quaisquer ganhos de eficiência da atividade econômica."[33]

Rubin atribui esse tipo de pensamento ao condicionamento do cérebro humano, que ele explica em termos de biologia evolutiva:[34] ao longo de milhões de anos, quase não houve melhorias na tecnologia ou no crescimento. O ritmo de mudança nas sociedades primitivas era tão lento que os indivíduos dificilmente conseguiam percebê-lo durante o curso de suas vidas. Todos viviam em um mundo com tecnologia aparentemente imutável, e não existia nenhuma vantagem para pessoas que tinham uma compreensão do crescimento — precisamente porque praticamente não havia tal crescimento. Também quase não havia divisão de trabalho, exceto a divisão de trabalho entre crianças e adultos e entre homens e mulheres. O comércio não era uma expressão de uma divisão sistemática do trabalho, mas sim o fruto do acaso — simplesmente por sorte, ou talvez pela geografia, alguém tinha algo em abundância que outro poderia usar. Se as pessoas em tais sociedades tinham vantagens ou desvantagens, então elas resultaram principalmente de uma pessoa não tratar a outra de forma justa, ou por ter uma vantagem real, mas fortuita, sobre a outra. Portanto, de acordo com Rubin, as pessoas desenvolveram um forte senso de reconhecer e evitar situações nas quais poderiam ser vitimizadas ou enganadas por outras.

Nas sociedades pré-capitalistas, a riqueza de alguns era de fato muitas vezes baseada no roubo e no exercício do poder, ou seja, na perda de outros. No entanto, o sistema de mercado não é baseado em roubo e não é um jogo de soma zero. Sua base consiste em ficar rico satisfazendo às necessidades do maior número possível de consumidores. Essa é a lógica do mercado. O crescimento econômico característico dos sistemas capitalistas torna possível que algumas pessoas e também nações inteiras se tornem mais ricas, sem que isso necessariamente aconteça às custas de outras pessoas ou nações, que se tornariam automaticamente mais pobres, por assim dizer. Gostaria de mostrar isso aqui tomando os exemplos de dois países que estavam mergulhados na pobreza extrema há 30 anos — Vietnã e Polônia.

Capítulo III

VIETNÃ: *DOI MOI* – ASCENSÃO DO DRAGÃO

Phung Xuan Vu, de oito anos, e seu irmão de dez anos, eram responsáveis por buscar comida para sua família, que estava constantemente sem recursos alimentares. Isso — antes que as reformas Doi Moi de livre mercado começassem a entrar em vigor no Vietnã — só era possível com cartões de racionamento. Um dos bens mais importantes da família era um carnê de vales de comida. Como o mais velho, o irmão de Vu era responsável pelo carnê, consciente de que sua perda significaria fome para a família. Os vales eram impressos em papel de seda amarelo encerado. Eles representavam a diferença entre passar fome e ter algo para comer, ainda que nunca fosse o suficiente. Os vales tinham que ser trocados em centros de distribuição de alimentos. Muitas vezes, as pessoas esperavam horas na fila, e até mesmo o dia todo, em busca de alimentos. Para aumentar suas chances, algumas chegavam durante a noite. Como relatam Nancy K. Napier e Dau Thuy Ha em seu livro *The bridge generation of Viêt Nam: spanning wartime to boomtime (A geração ponte do Vietnã: transpondo tempos de guerra para tempos de prosperidade)*, para o qual entrevistaram grande variedade de vietnamitas, incluindo Vu: "As crianças, junto com seus vizinhos, passavam horas na fila. Algumas famílias chegavam de madrugada, por volta das 2, 4 ou 5 horas, ainda no escuro. Alguns deixavam uma cesta ou tijolo para não perder seu lugar na fila e iam fazer outra coisa. Ao nascer do sol, as crianças estudavam e faziam a lição de casa enquanto esperavam. Eles ficavam na chuva, quando o chão se tornava lamacento e escorregadio. Eles ficavam no calor, quando quase desmaiavam de sede e fraqueza."[1]

Eles já estavam na fila antes mesmo que a comida fosse entregue — na esperança de que ela chegasse em algum momento. Algumas famílias enviavam seus filhos, outras enviavam outras pessoas para ficar na fila por eles — e é claro que você tinha que esperar sua vez. Quando ela finalmente chegava, você muitas vezes se encontrava cara a cara com funcionários rudes: "Os funcionários não eram amigáveis", lembra Vu. "Eles eram mandões e tinham poder. Sentíamos que tínhamos que implorar pela comida que era nossa por direito."[2]

As famílias não tinham escolha senão aceitar o que quer que as autoridades jogassem em suas sacolas: "Mantínhamos nossos sacos abertos para os funcionários despejarem arroz. Os trabalhadores pegavam um balde, colhiam arroz de um grande saco no carrinho e o colocavam em uma balança para terem certeza de que não nos dariam mais do que o limite de nossa família. Sabíamos que as autoridades às vezes colocavam pedras nos sacos com o arroz, então tínhamos menos arroz do que tínhamos direito, e muitas vezes o arroz era velho ou mofado. Também sabíamos que os trabalhadores guardavam o bom arroz, se houvesse algum, para si ou para seus amigos, ou o vendiam no mercado negro para ganhar dinheiro. Isso nos deixava com raiva, mas não podíamos brigar ou discutir com os funcionários. O que poderíamos fazer, quando crianças?"[3]

A quantidade de comida que você recebia dependia do status da sua família. Os funcionários do Estado recebiam mais, os trabalhadores da fábrica menos. Se não houvesse arroz suficiente, as pessoas recebiam trigo, mesmo que quase ninguém soubesse o que fazer com ele; mas, mesmo que soubessem assar pão, era difícil, porque elas normalmente não tinham como obter os outros ingredientes de que precisavam. De qualquer forma, elas precisavam de eletricidade para aquecer o forno, mas a eletricidade só ficava disponível por algumas horas por dia e a família não usava a eletricidade para o forno, mas para acender uma lâmpada ou ouvir um rádio antigo. Às vezes, a eletricidade era cortada de repente, e eles tinham que acender uma vela. Algumas famílias roubavam eletricidade, mas isso era perigoso.[4]

A família de Vu era muito orgulhosa por ter uma bicicleta velha. Embora fosse bastante antiga, para eles, era como possuir um Rolls Royce. Naquela época, na década de 1980 e início da década de 1990, quase todos os vietnamitas andavam de bicicleta. Hoje, em Hanói, você quase não vê bicicletas — cerca de 85 por cento dos veículos nas ruas são motos e ciclomotores.

A norte-americana Nancy K. Napier compilou relatos em primeira mão de vietnamitas, junto com Dau Thuy Ha. Eles dividiram seu livro para cobrir o tempo antes e depois das reformas Doi Moi, e intitulou o capítulo sobre o tempo anterior com a palavra "Fome". Ela lecionou na Universidade Nacional de Economia em Hanói a partir de 1994. Ela se lembra do que seus colegas lhe diziam quando ganhava algum peso: "Nancy, você é gorda!" Ela ensinou a seus colegas de trabalho vietnamitas que nunca se deve, sob nenhuma circunstância, dizer a uma mulher norte-americana que ela era gorda. Eles não entenderam: "Oh, mas isso significa que você é próspera. Você tem comida suficiente para comer para poder ficar gorda. Você deve ser feliz!"[5]

Quando dei uma palestra na mesma universidade, em 2022, vi professores bem vestidos e acadêmicos jovens e promissores cheios de ambição de fazer algo de suas vidas. Nancy Napier também se lembra de se perguntar por que havia tão poucos pássaros em Hanói. Quando ela perguntou a seus colegas, eles olharam para ela com perplexidade, como se ela não estivesse bem da cabeça. Eles explicaram que as pessoas famintas caçavam pássaros para comer — até mesmo pardais.[6] Muitas pessoas eram desnutridas ou sofriam de deficiência de vitamina A. "As jovens mães às vezes não conseguiam produzir leite suficiente para seus filhos, então algumas delas ferviam arroz e alimentavam seus bebês com 'leite de arroz', na esperança de que os nutrientes fossem suficientes."[7]

Bach Ngoc Chien lembra: "Quando eu era adolescente, estava sempre com fome. Minha família de cinco pessoas dividia três tigelas de arroz para o almoço e três tigelas para o jantar. Nós, crianças, dividíamos uma tigela no café da manhã. Quase nunca comíamos carne, exceto em duas ocasiões: o Ano Novo Lunar e o aniversário da morte do meu avô. Em 1988, em meu último ano do ensino médio, acho que pesava menos de quarenta quilos."[8]

Até mesmo a Bielorrússia soviética parecia um paraíso em comparação. Luong Ngoc Khanh, que hoje possui várias grandes empresas, foi enviado a Minsk em 1983 para aprender russo: "Na época, a Rússia [ele quer dizer Bielorrússia] era como o paraíso. Tínhamos maçãs para comer, leite para beber, carne para comer. No Vietnã, essas coisas eram todas escassas."[9]

Hoje, os vietnamitas chamam esse período de "Thoi Bao Cap" ("período de subsídio") — era a época da economia planificada socialista, antes que o Vietnã se tornasse sucessivamente uma economia de mercado resultante das reformas Doi Moi. O Vietnã mudou muito como resultado dessas reformas, e esse é o tema deste capítulo. Em seu livro *Vietnam und sein Transformationsweg (Vietnam e sua jornada transformativa)*, que reflete sobre os desenvolvimentos no Vietnã desde 1986, Tam T.T. Nguyen é clara: "A pobreza no Vietnã deixou de ser um problema da maioria para se tornar um problema da minoria".[10]

Em 1990, "com um PIB per capita de US$ 98, o Vietnã era o país mais pobre do mundo em 1990, atrás da Somália (US$ 130) e Serra Leoa (US$ 163).[11] O quanto o Vietnã era atrasado e pobre — mesmo em comparação com outros países socialistas — pode ser visto a partir dos seguintes números: a eletricidade produzida por habitante em 1985 era de 4.656 kWh na Hungria, 6.839 kWh na RDA (Alemanha Oriental), 3.702 kWh na Polônia e 87 kWh no Vietnã. Em 1960, a renda média era de 669,80 rublos na Hungria e 581,80 na Polônia. Vinte anos depois (em 1980!), a renda média no Vietnã era de 50 rublos.[12]

Antes do início das reformas econômicas, colheitas ruins levaram à fome, e o Vietnã contou com o apoio do Programa Alimentar Mundial da ONU e da assistência financeira da União Soviética e de outros países do Bloco Oriental.[13] Até 1993, 79,7 por cento da população vietnamita estava vivendo na pobreza. Em 2006, a taxa havia caído para 50,6 por cento. Em 2020, era de apenas 5 por cento.[14]

Agora, o Vietnã é um dos países mais dinâmicos do mundo, com uma economia ativa, que cria grandes oportunidades para pessoas e empreendedores esforçados. De um país que, antes do início das reformas de mercado, era incapaz de produzir arroz suficiente para alimentar sua própria população, ele se tornou um dos maiores exportadores de arroz do mundo — e um grande exportador de eletrônicos.

No entanto, sempre que falo com as pessoas sobre o Vietnã, percebo que elas geralmente sabem muito pouco sobre o país. Muitos ficam surpresos quando digo que o Vietnã tem mais habitantes do que qualquer país europeu. Com quase 100 milhões de habitantes, o país tem uma população que supera a da Alemanha, da Turquia, do Reino Unido, da França, da Itália ou da Espanha; é quase duas vezes maior que a população sul-coreana e 17 vezes maior que a de Cingapura.

Um país em guerra

Quando boa parte das pessoas pensa no Vietnã, a primeira coisa que lhes vêm à mente é a Guerra do Vietnã, o conflito travado pelos EUA no país do Sudeste Asiático entre 1955 e 1975. O que essas pessoas não sabem é que esse foi apenas um estágio da longa Guerra da Indochina, que começou em 1946 e durou quase 30 anos — e essa não foi a única guerra que devastou o Vietnã. Poucas vezes, na história humana, um único país foi alvo de tantas conquistas por parte de seus vizinhos. Nos últimos 1.000 anos, os períodos de guerra foram mais longos do que os de paz, e o Vietnã teve de se defender repetidamente contra invasores e ocupantes estrangeiros — contra os chineses e os mongóis, os japoneses e os franceses.

Em meados do século XIX, o país ficou sob o domínio colonial francês. Durante a Segunda Guerra Mundial, foi ocupado pelos japoneses e, em 1945, retornou ao domínio francês até que a França foi derrotada em 7 de maio de 1954, na Batalha de Điện Biên Phủ. O país foi então dividido em República Democrática do Vietnã, ao norte, tendo Hanói como capital, e República do Vietnã, ao sul, com Saigon como sua capital. Isso foi sucedido pela guerra que a maioria das pessoas conhece como a Guerra do Vietnã, na qual o norte comunista e a Frente Nacional de Libertação do Vietnã do Sul, apoiados pela União Soviética e pela China, lutaram contra o Vietnã do Sul, apoiado pelos EUA.

O Vietnã do Norte foi liderado por Ho Chí Minh, que ainda hoje é reverenciado no Vietnã. Em 27 de janeiro de 1973, o secretário de Estado dos EUA, Henry Kissinger, e o sucessor de Ho Chí Minh, Lê Đức Thọ, concordaram com a cessação das hostilidades. A guerra então continuou sem o envolvimento direto dos EUA (embora os EUA tenham continuado a fornecer armas ao Vietnã do Sul). A guerra terminou com a captura de Saigon em 30 de abril de 1975, que foi seguida pela rendição incondicional do Vietnã do Sul em 1° de maio de 1975. Então, em 2 de julho de 1975, o Vietnã do Norte e o do Sul reuniram-se sob o nome de República Socialista do Vietnã. Hanói tem sido a capital desde então e Saigon é oficialmente chamada de Cidade de Hồ Chí Minh, embora muitos vietnamitas ainda a chamem de Saigon.

A guerra devastou o país. Cerca de 14 a 15 milhões de toneladas de bombas e explosivos caíram no Vietnã — dez vezes mais do que foram lançadas na Alemanha na Segunda Guerra Mundial.[15] As armas químicas de destruição em massa usadas pelos EUA, incluindo o desfolhante Agente Laranja, não apenas atingiram o exército de libertação comunista, mas também a população civil. As bombas de Napalm também infligiram grandes baixas entre a população civil. Só os sul-vietnamitas perderam 1,5 milhão de pessoas, incluindo 300.000 civis.[16] No final da guerra, havia quase um milhão de órfãos no Vietnã do Sul, várias centenas de milhares de pessoas haviam sido levadas à dependência de drogas e à prostituição e havia pelo menos um milhão de inválidos em decorrência da guerra, muitas vezes com deficiências físicas graves. Incontáveis pessoas ficaram traumatizadas.[17] Os EUA sofreram 58.200 baixas, além de 300.000 feridos.

As perdas civis no Vietnã do Norte foram menores do que no Sul, mas eles perderam muito mais soldados.[18] Em *Vietnam e sua jornada transformativa*, Tam T.T. Nguyen fornece uma avaliação objetiva: "No Norte, a guerra destruiu os principais centros industriais e a infraestrutura básica [...] Todas as empresas industriais foram destruídas. Assim como três das seis maiores cidades, 12 das 29 capitais provinciais e dois terços das aldeias. Todas as usinas de eletricidade, estações ferroviárias, portos, pontes, estradas e toda a rede ferroviária também foram totalmente destruídos". No Sul, dois terços das aldeias também foram destruídas, grandes partes da floresta foram devastadas e 20 milhões de agricultores perderam suas casas.[19]

Com sua vitória sobre os norte-americanos, esse país, já orgulhoso, derrotou a maior superpotência militar da história; mas seu orgulho foi abalado nos dez anos seguintes, já que a introdução de uma economia planificada socialista teve um efeito devastador em todo o país. O Vietnã era o país mais pobre da região. Enquanto outros países asiáticos que tomaram o caminho capitalista — Coreia do Sul, Hong Kong e Cingapura, por exemplo, alcançaram um crescimento incrível e escaparam da pobreza, a maioria das pessoas no Vietnã vivia em extrema pobreza, mesmo dez anos após o fim da guerra.

De acordo com Napier and Dau Thuy Ha, "Após a queda de Saigon, os vietnamitas do Norte esperavam que tudo ficaria bem. Eles sonhavam com uma vida melhor, depois de décadas de ocupação e luta — com invasões dos japoneses, franceses e norte-americanos."[20] Em seu testamento de 1969, o presidente Hồ Chí Minh havia prometido: "Com os invasores norte-americanos derrotados, nós vamos reconstruir nossa terra dez vezes mais bonita".[21]

Economia planificada socialista no Norte e no Sul

Uma vez derrotados os franceses, Hồ Chí Minh estabeleceu um sistema inspirado na economia planificada socialista soviética no norte do Vietnã. Os comunistas queriam transferir esse mesmo sistema para o Vietnã do Sul após a vitória sobre os EUA. Até se falou brevemente sobre implementar uma abordagem de "um país, dois sistemas", com uma economia de livre mercado no sul e uma economia planificada socialista no Norte, mas a ideia foi rapidamente abandonada.[22]

Em agosto de 1975, a 24ª Sessão do Comitê Central do Partido dos Trabalhadores do Vietnã (PTV, como o Partido Comunista do Vietnã era então conhecido) decidiu que o Norte deveria continuar progredindo no caminho para o socialismo e que o socialismo também deveria ser introduzido no Sul.[23] Em dezembro de 1976, em seu Quarto Congresso, o partido comunista — agora conhecido como Partido Comunista do Vietnã (PCV) — adotou seu primeiro Plano Quinquenal para o Vietnã reunificado, com o objetivo de também transformar o Sul de acordo com a ideologia socialista.

Entre 1977 e 1978, a coletivização da agricultura e a nacionalização de quase 30.000 pequenas empresas privadas começou na cidade de Hồ Chí Minh. O partido justificou suas políticas apontando para o fato de que, até então, o Estado controlava "apenas" cerca de 50 por cento do comércio atacadista e 40 por cento do comércio de pequeno porte no Vietnã do Sul.[24] A maioria das empresas estava nas mãos dos chineses, então havia poucos escrúpulos no que concerne à tomada de medidas radicais.

Quando se tratava de coletivização, os comunistas do Sul eram um pouco mais cautelosos. Muitos camponeses do Sul consideravam a coletivização particularmente injusta, porque os comunistas lhes haviam dado terras para garantir seu apoio e agora queriam tirá-las deles novamente. "Os membros da FNL (Frente Nacional de Libertação), entre outros, ganharam apoio rural em parte porque ajudaram a impulsionar a redistribuição de terras agrícolas entre agricultores arrendatários e proprietários que detinham pequenas porções de terra. A eliminação completa da propriedade privada teria sido uma grave afronta a essa recente relação de trabalho entre o Partido e os agricultores".[25]

Quando a coletivização começou no Sul, muitos camponeses resistiram; alguns deixaram suas terras, venderam seus animais ou implementos agrícolas, porque não queriam trabalhar em coletivos.[26] Em 1980, apenas 24,5 por cento da população rural do Sul trabalhava em coletivos, em comparação com 97 por cento no Norte.[27]

A coletivização e a nacionalização desencadearam uma grave crise, que durou até o início da década de 1980.[28] Logo ficou claro que não havia esperança de alcançar as metas ambiciosas do Plano Quinquenal adotado no Quarto Congresso do Partido.

Os comunistas reagiram da mesma maneira que a maioria dos políticos que falham em alcançar seus objetivos: em vez de admitir que estavam no caminho errado (essa percepção surgiu apenas alguns anos depois), convenceram-se de que suas políticas de abolição da propriedade privada e de transformação socialista deveriam ser aceleradas. Isso teve um efeito particularmente desastroso no setor agrícola, como explica Claudia Pfeifer em seu livro *Konfuzius und Marx am Roten Fluss. Vietnamesische Reformkonzepte nach 1975 (Confúcio e Marx no Rio Vermelho. Reformas vietnamitas após 1975)*: "Os camponeses do Vietnã do Sul reagiram restringindo a produção, que era voltada principalmente para suas próprias necessidades [...] Em poucos meses, o setor agrícola entrou em colapso quase completamente. Em 1978, apenas 190 kg de arroz ou 238 kg de alimentos estavam disponíveis *per capita*, em comparação com 240/274 kg em 1976."[29]

Os comunistas deveriam saber o que aconteceria. Afinal, políticas semelhantes para a coletivização da agricultura já haviam falhado na China e na União Soviética. "De qualquer modo, a propriedade individual da terra foi abolida em 1980 em todo o país, de acordo com a política da transformação socialista que havia sido promovida no Vietnã do Norte após a adoção da Constituição de 1959. Esse curso de ação foi tomado mesmo sendo o setor de produção coletivizado claramente ineficiente."[30]

De acordo com Claudia Pfeifer, quando se tratava de investimentos, o governo favorecia as cooperativas estatais: elas recebiam 40 por cento de todos os fundos estatais, apesar de contribuírem com apenas 5 por cento da produção agrícola total.[31] A economia planificada simplesmente não funcionou: menos de 10 por cento da área explorada para cultivos anuais poderia ser irrigada e drenada artificialmente, embora as bombas estivessem disponíveis para cerca de 40 por cento da área — a escassez de energia e os apagões muitas vezes tornavam seu uso impossível. Apenas 30 por cento das demandas de eletricidade do setor agrícola eram atendidas.[32]

Os membros dos coletivos estaduais recebiam pontos e esses pontos eram usados para calcular seu pagamento. "A falha era que os pontos de trabalho eram baseados na duração do trabalho e não na qualidade ou mesmo na quantidade do trabalho realizado. Isso encorajou os membros a relaxar, serem desleixados ou chegarem atrasados em seus empregos."[33]

Bach Ngoc Chien lembra que sua mãe trabalhava para uma cooperativa, em um sistema que não recompensava os membros pela quantidade de arroz que produziam, mas apenas contava quantos dias eles haviam trabalhado. Se a mãe dele trabalhasse 30 dias, ela obteria 30 pontos, o que lhe dava o direito a uma parcela definida da colheita. Se ela tivesse trabalhado apenas 20 dias, ela ganharia 20 pontos e, correspondentemente, menos.[34]

Em 1980, o Vietnã produziu apenas 14 milhões de toneladas de arroz, apesar de o país precisar de 16 milhões de toneladas para atender às necessidades básicas de sua própria população. Durante o período do Segundo Plano Quinquenal (1976 a 1980), o Vietnã foi forçado a importar de oito a nove milhões de toneladas de arroz e outros alimentos.[35] Cada colheita fracassada levava à escassez imediata de alimentos. "O racionamento de alimentos foi reintroduzido e o Vietnã teve que contar com grandes quantidades de apoio de ajuda alimentar do Programa Alimentar Mundial e com apoio financeiro e material da antiga União Soviética e dos países da Europa Oriental."[36]

Se você comparar os objetivos estabelecidos no Plano Quinquenal de 1976 com o que realmente aconteceu, a proporção do fracasso torna-se clara: o Plano Quinquenal previa um aumento no produto interno bruto de 13 a 14 por cento por ano para 1976 a 1980; na verdade, foi de apenas 0,4 por cento — e isso com uma população em rápido crescimento. De acordo com o plano, a produção agrícola deveria aumentar de 8 a 10 por cento ao ano; na verdade, subiu 1,9 por cento. Para a produção industrial, o plano previa aumentos anuais de 16 a 18 por cento; na realidade, o Vietnã alcançou uma média anual de apenas 0,6 por cento.[37]

Em toda a metade norte do país, o suprimento *per capita* de arroz em casca diminuiu em cerca de um terço apenas na segunda metade da década de 1970. Por ano, esse declínio foi: em 1976, o fornecimento *per capita* era de 15,4 kg por mês, caindo para 12 kg em 1977, 11,6 kg em 1978, 11,9 kg em 1979 e 10,4 kg em 1980.

A ideia de coletivos agrícolas já havia falhado antes no Vietnã do Norte e agora também estava falhando no Vietnã do Sul. Além disso, quanto maiores os coletivos, piores eram seus resultados.[38] Um estudo de 1979 sobre coletivos no Delta do Rio Vermelho descobriu que os coletivos que cultivavam entre 301 e 400 hectares tinham um excedente líquido de 408 đồng por hectare, enquanto aqueles que cultivavam mais de 500 hectares tinham um rendimento líquido de apenas 73 đồng por hectare.[39]

O fracasso da coletivização também foi evidente pelo fato de que a maior parte do rendimento foi produzida em uma fração da terra, ou seja, a parte que foi cultivada de forma privada. De 1976 a 1988, mais de 60 por cento da renda total dos membros da cooperativa veio dos cinco por cento das terras que foram autorizados a manter depois que 95 por cento das terras foram coletivizadas.[40]

Curiosamente, essa proporção era bastante semelhante na União

Soviética: embora as terras agrícolas privadas na URSS representassem menos de cinco por cento do total de terras agrícolas, elas forneciam mais de 70 por cento das batatas, cerca de 70 por cento do leite e cerca de 90 por cento dos ovos até a década de 1950.[41]

Além da política econômica fracassada, as sanções contra o Vietnã exacerbaram a crise econômica do país. As sanções foram impostas em resposta à guerra do Vietnã com o Camboja em janeiro de 1979. Na verdade, deveriam agradecer ao Vietnã por ajudar os oponentes de um dos regimes terroristas mais brutais da história, o regime de Pol Pot no Camboja.[42] Porém, a China apoiou Pol Pot como um aliado contra a influência soviética no Sudeste Asiático e não apenas parou de apoiar o Vietnã política e economicamente, mas na verdade entrou em guerra contra seu vizinho comparativamente pequeno em fevereiro e março de 1979. O motivo foi aparentemente disputas fronteiriças, mas, na realidade, Pequim voltou-se contra Hanói porque estava preocupada com a possibilidade de Moscou ganhar uma influência mais forte na região.

Voltando à economia: no início, os novos governantes do Vietnã do Sul declararam que queriam nacionalizar apenas empresas de propriedade estrangeira. As empresas de propriedade vietnamita foram transformadas nas chamadas paraestatais (empresas com participação estatal). No entanto, isso era apenas para ser uma medida temporária, já que, gradualmente, o plano era que todas as empresas se tornassem totalmente estatais.[43]

No início de 1978, 1.500 empresas privadas no Sul do Vietnã foram transformadas em 650 empresas estatais: "Apesar de nenhuma das metas da indústria estabelecidas para o Plano Quinquenal de 1976-80 ter sido cumprida, a propriedade estatal foi impulsionada e, em 1986, as empresas estatais representavam 40 por cento do PIB".[44]

Os mesmos problemas da agricultura surgiram na indústria. A produção estagnou e a produção industrial estatal diminuiu 10 por cento entre 1976 e 1980.[45] No entanto, a Sexta Consulta do Comitê

Central do PCV, realizada em 1979, marcou o início de uma lenta flexibilização das políticas socialistas radicais. Agora, o Vietnã estava experimentando o que havia sido constatado várias vezes desde a Nova Política Econômica de Lênin na União Soviética da década de 1920. Os comunistas perceberam que sua ideologia havia levado o país à beira de uma crise existencial e foram forçados a fazer concessões ao livre mercado. Um dualismo de formas de propriedade estatal e privada desenvolveu-se em todos os níveis econômicos. Claudia Pfeifer fez a seguinte avaliação: "No início da década de 1980, o livre mercado, em que os preços eram baseados em cálculos de custo e oferta e demanda, foi novamente permitido. Ao mesmo tempo, foram introduzidos os primeiros cortes nos subsídios para empresas estatais."[46]

Até certo ponto, essas reformas iniciais apenas legitimam o que já havia ocorrido como desenvolvimentos espontâneos em várias aldeias. Muitos coletivos agrícolas e até mesmo empresas estatais há muito tempo ignoravam as regras e regulamentos oficiais do Estado. Eles recusavam-se a trabalhar em coletivos e concluíram contratos não autorizados *(khoan chui)* entre coletivos e famílias ou entre fazendas estatais e comerciantes privados. Essa prática era chamada de *pha rao*, ou quebra de cercas.[47]

Alguns autores chegam ao ponto de ver a verdadeira fonte das reformas nesses desenvolvimentos espontâneos de base no campo, e não no partido, que apenas os sancionou. "Está mais perto da verdade", explica Vu Le Thao-Chi, "que o Estado serviu mais como um agente de ajustes e, nisso, sancionou a forma dos esforços dos agricultores comuns para sobreviver ao caminho imprevisível".[48]

Já havia mudanças no campo antes do lançamento oficial das principais reformas na década de 1980. Os agricultores concentraram seu trabalho na pequena terra que possuíam, ou seja, aproximadamente cinco por cento do total de terras agrícolas, porque podiam vender os produtos que produziam aqui a preços de mercado. Tran Thi Anh-Dao e outros estudiosos enfatizam que o processo de reforma no Vietnã começou "com práticas baseadas em evidências no nível microeconômico (local) que então foram aplicadas no nível macroeconômico (nacional)".[49]

As províncias do Delta do Rio Mecom, por exemplo, aboliram o sistema de subsídio de racionamento *(bao cáp)* já na década de 1980 e optaram por um sistema baseado no mercado. De acordo com Tran Thi Anh-Dao, "Sem tais procedimentos ilegais ou experimentais, aqui há evidência de que os mecanismos de mercado nunca poderiam ter surgido tão rapidamente".[50] Algumas reformas apenas legalizaram a continuação das estruturas do setor privado no Sul após o fim da guerra.

Aqui vemos paralelos com os acontecimentos na China. Lá, também, movimentos de baixo para cima — por exemplo, aqueles iniciados por camponeses — foram pelo menos tão importantes quanto as reformas de cima para baixo, iniciadas pelo Estado. Após a amarga experiência do Grande Salto Adiante, o maior experimento socialista da história sob Mao Zedong, no qual 45 milhões de cidadãos chineses morreram, um número crescente de camponeses rurais assumiu a iniciativa e decidiu reintroduzir a propriedade privada de terras agrícolas, mesmo que isso fosse oficialmente proibido; como rapidamente se tornou evidente que os rendimentos da agricultura privada eram muito maiores, os funcionários do partido na China também deixaram as pessoas fazerem o que quisessem.

Os primeiros experimentos foram realizados em "aldeias de mendigos" particularmente pobres, onde as autoridades concluíram que, se as coisas dessem errado, não seria tão ruim, porque você não pode cair quando já está no fundo do poço. Em uma dessas pequenas aldeias, a liderança do partido permitiu que os agricultores cultivassem os campos de baixo rendimento como agricultores privados. Logo depois que eles foram autorizados a fazê-lo, a terra rendeu três vezes mais do que em um coletivo.

Muito antes de a proibição da agricultura privada ser oficialmente suspensa, em 1982, houve iniciativas espontâneas de agricultores em toda a China para reintroduzir a propriedade privada, contrariando a crença socialista. O resultado foi extremamente positivo: as pessoas não foram mais forçadas a passar fome e os rendimentos agrícolas aumentaram significativamente. Então, vemos pelos exemplos da China e do Vietnã que o capitalismo, ao contrário do socialismo, não pode ser decretado por ordens estatais; ele cresce em um processo espontâneo a partir de baixo, e a melhor coisa que os líderes políticos podem fazer é não interromper ou impedir esse processo.

O foco inicial das reformas no Vietnã estava na agricultura, que era de longe o setor econômico mais importante da época. O Estado afrouxou seu controle rígido sobre a agricultura, por exemplo, com a introdução em 1981 do que era conhecido como Diretiva 100: "a terra cooperativa foi distribuída às famílias de agricultores para uso a curto prazo e os agricultores foram responsáveis pelo plantio, colheita e adubagem [...] A Diretiva 100 fez um avanço e foi uma reviravolta histórica na política agrícola, o que criou incentivos para os agricultores aumentarem a produção agrícola durante o período de 1982-85".[51]

Vu Le Thao-Chi tem o seguinte a dizer sobre essa diretiva: "Ela colocou o costume não escrito da produção familiar em uma estrutura oficialmente sancionada".[52]

No início da década de 1980, várias reformas foram introduzidas no Vietnã, como aconteceu em outros países socialistas da Europa Oriental. As empresas agora seriam responsáveis por seus próprios lucros e perdas. As empresas poderiam decidir por si mesmas o que fazer com qualquer excesso de lucro. "No entanto, o volume e o valor da produção, os lucros da produção, as transferências para o Estado, as contas salariais, os fundos de investimento do Estado, os materiais, os equipamentos, os bens a serem fornecidos, bem como os preços da maioria dos produtos ainda eram predeterminados. Alguns mercados livres para produtos agrícolas foram permitidos, mas em uma escala muito limitada. E o que era produzido ainda era distribuído pelo Estado."[53]

Foram as primeiras reformas modestas que muitas vezes apenas legalizaram o que já estava ocorrendo espontaneamente no campo e nas cidades. David Wurfel constata que: "Por exemplo, quando faltavam materiais, as mercadorias podiam ser vendidas no mercado aberto para arrecadar dinheiro para comprar suprimentos ou talvez para pagar bônus aos trabalhadores e, assim, aumentar a produtividade. Embora em grande parte ilegais, essas iniciativas tornaram-se cada vez mais difundidas. Assim, o primeiro decreto de reforma fundamental para a indústria estatal, em janeiro de 1981, exigiu que as fábricas registrassem todas as atividades que realizavam fora do plano, ao mesmo tempo que lhes permitia adquirir e descartar recursos conforme necessário para aumentar seu suprimento de insumos."[54]

Embora a situação tenha melhorado um pouco como resultado das reformas, o fornecimento de alimentos básicos ainda não conseguia atender às necessidades das pessoas, e o Vietnã continuou sendo um dos cinco países mais pobres do mundo.[55]

Oficialmente, havia cerca de quatro milhões de desempregados no Vietnã, mas em abril de 1987, o embaixador vietnamita disse ao ministro das Relações Exteriores da Hungria em uma conversa confidencial que o número real era de sete milhões.[56] E havia outro problema: a inflação. Em 1986, a inflação no Vietnã subiu para 582 por cento.[57] A inflação altíssima teve um impacto dramático na vida das pessoas: "Como os salários mensais não forneciam mais do que uma semana de despesas de sobrevivência, quase todas as famílias tiveram que encontrar fontes extras de renda para compensar a escassez. Tornou-se comum em Hanói que as famílias usassem um cômodo de suas unidades de apartamentos para criar porcos. A criação de suínos foi a melhor fonte de renda extra e a maioria das famílias deixaram um quarto de um apartamento de três quartos para os porcos, blindando-se contra o ruído, o odor e as más condições higiênicas."[58]

Vida no Vietnã na década de 1980

Nguyen Trong Hoa lecionou russo no Vietnã na década de 1980. Ele se lembra vividamente dessa época: "Ainda tenho minha caderneta de poupança de 1984, tem cerca de 100 đồng. Eu vivia frugalmente, pobremente, para economizar dinheiro, mas então, em 1985, o governo mudou a moeda e a caderneta ficou inútil, não pude trocar meu dinheiro. A vida era difícil. 1985 foi o pior ano, quando as pessoas foram forçadas a comer trigo duro, Hạt bo bo (sementes de buganvília) e receberam ajuda de países socialistas como Rússia, Tchecoslováquia e Polônia [...]. As pessoas comuns tinham 15 kg de arroz, a polícia e os soldados tinham 21 kg de arroz, mas era arroz armazenado, não era saboroso, era seco: 1 kg de arroz fresco do povoado podia ser trocado por 2 kg de arroz armazenado. As pessoas normalmente davam arroz armazenado para os porcos, mas as pessoas pobres da cidade tinham que comer esse arroz. Tinha cheiro de mofo. Naquela época, as pessoas com filhos tentavam encontrar arroz fresco para cozinhar para seus bebês. Os pais só comiam arroz armazenado. Tínhamos que fazer sacrifícios pelo bem de nossos filhos. Para roupas, você tinha que usar seu selo para conseguir um pedaço de tecido, que então você tinha que transformar em uma peça de roupa. Minha família tinha fome, havia apenas algumas peças de carne a cada mês, comíamos principalmente arroz e legumes."[59]

De 1985 a 1986, Nguyen Trong Hoa esteve na Rússia — onde a vida lhe pareceu muito melhor. "Fui para a Rússia em 1985-1986 e, para ser honesto, naquela época, se você fosse para um país estrangeiro, era uma oportunidade de mudar de vida, era como escapar do inferno. Se você tivesse a chance de ir para a República Democrática Alemã, para Berlim Oriental, seria como ir para o céu [...]"[60]

Mas nem todo mundo do Vietnã ficou tão encantando pela vida na Rússia. Nguyen Quoc Minh-Quang, nascido em 1962, foi enviado para a União Soviética como trabalhador de 1982 a 1988. Ele se lembra de trabalhar em uma fábrica que produzia baterias: "Havia muitas dificuldades: o ambiente de vida era diferente, assim como o clima, achei extremamente frio; o trabalho envolvia linhas de produção industrial, com máquinas. Era algo muito novo para os funcionários vietnamitas. Eu tinha que trabalhar oito horas por dia, às vezes não havia nem um dia de folga. Como a fábrica tinha sua própria rede elétrica, as máquinas tinham que funcionar sem parar, então tínhamos que separar nossos turnos e nos revezar dia e noite. Para ser honesto, o trabalho foi bastante prejudicial à minha saúde, foi muito tóxico, porque exigiu que eu me envolvesse com produtos químicos. Meu salário era apenas o suficiente para eu sobreviver no dia a dia, não conseguia economizar, tinha que trocar coisas para ganhar mais dinheiro."[61]

Até os funcionários públicos, que podiam ganhar salários melhores, muitas vezes viviam em más condições: Vu Dinh Loc, nascido em 1936, trabalhou como funcionário público e lembra-se assim da década de 1980: "Em 1980, meu salário não era suficiente nem para uma pessoa viver, mas eu ainda tinha que cuidar da minha família. Não era um salário baixo, mas eu tinha que batalhar todos os dias. Meu salário era de 80 đồng, ainda maior do que de muita gente. Eu recebia 13 kg de arroz por mês para minha família, mas não era o suficiente, tínhamos que comer milho, pão [...] As roupas também eram limitadas, eu só tinha alguns metros de tecido. Naquela época, negócios não eram permitidos. Embora eu morasse em uma casa em frente ao mercado Dong Xuan, eu não podia fazer nenhum negócio. Então, meus pais só podiam abrir uma barraca de chá na calçada em frente à nossa casa e usavam água da chuva para preparar chá. Eles não tinham muita renda. Quando se tratava de fazer compras, eu não conseguia comprar nada além de comida. Eu não tinha geladeira. Para cozinhar, eu só tinha um fogão a querosene. Não havia televisão, ouvíamos notícias e música em alto-falantes públicos."[62]

Vu Dinh Loc e sua família dividiam uma casa com outras duas famílias: "Nós compartilhávamos uma cozinha, um banheiro e um quintal. Havia apenas um medidor de água e um medidor elétrico, então minha família e as outras famílias tinham que resolver tudo por si mesmas e poupávamos o que podíamos de dinheiro para pagar nossa parte das contas. Sem mencionar as diferenças de personalidade, pensamento e opinião. Por causa disso, havia muitas brigas e situações desagradáveis. Minha esposa e eu geralmente pegávamos nosso salário emprestado antes do dia do pagamento para poder pagar pelas coisas e depois pagávamos de volta. Os dias eram difíceis, mas felizmente não tínhamos que pular nenhuma refeição."[63]

Quando se adicionou alta inflação a essas condições de vida modestas, o humor tornou-se volátil e as críticas ao partido ficaram mais intensas. Embora o Vietnã seja um estado de partido único, a liderança do partido estava muito ciente da mudança na opinião pública, como sabemos hoje por documentos confidenciais.[64]

O Sexto Congresso do Partido e as reformas Doi Moi

Os vietnamitas — tanto a população quanto o partido — perceberam em meados da década de 1980 que estavam em um beco sem saída. As dúvidas sobre o modelo soviético continuavam a crescer. Em abril de 1986, um economista do Instituto Central de Pesquisa de Gestão Econômica do Vietnã declarou que o modelo soviético não era mais o único a seguir, mas que países como a Coreia do Sul também poderiam ser tomados como exemplo.[65] O partido estava no meio de uma disputa entre uma facção de reformadores e um grupo desconfiado de grandes mudanças. Esses dois blocos lutavam enquanto o controle do partido oscilava entre eles. Como mencionado, as primeiras reformas foram introduzidas no final da década de 1970, mas isso foi seguido por um período em que as reformas foram congeladas — no Quinto Congresso do Partido, em março de 1982, aqueles que se opunham a novas reformas estavam em ascensão.

No entanto, os problemas do país tornaram-se cada vez mais graves e, gradualmente, as forças pró-reforma prevaleceram. No Décimo Plenário do Quinto Comitê Central, em maio de 1986, os reformadores garantiram uma vitória clara. O primeiro-ministro em exercício, To Huu, e outros que se opunham às reformas perderam seus lugares no Conselho de Ministros. Em julho, Le Duan, secretário-geral do partido, morreu e foi substituído por um reformador moderado, Truong

Chinh. O novo secretário-geral foi radicalmente autocrítico no Sexto Congresso do Partido e acusou o Partido de cometer erros como "idealismo, infantilismo esquerdista, subjetivismo e impaciência". Ele criticou a coletivização precipitada e a eliminação do setor privado.[66] Truong Chinh, no entanto, permaneceu no cargo apenas por um curto período e logo foi sucedido por Nguyen Van Linh.

No Sexto Congresso do Partido, em dezembro de 1986, havia muitos representantes do sul do Vietnã que apoiavam reformas de livre mercado, como Vo Van Kiet e Mao Chi Tho. Como Balazs Szalontai aponta em um artigo publicado no *The Journal of Asiatic Studies:* "Afinal, no Vietnã do Sul pós-1975, apesar da imposição do sistema comunista, o setor privado não foi eliminado tão completamente quanto no Norte, e alguns dirigentes estavam dispostos a aproveitar seu potencial de crescimento".[67]

O Congresso do Partido elegeu Nguyen Van Linh como seu novo secretário-geral. Ele nasceu no Norte, mas lutou como guerrilheiro da Frente Nacional pela Libertação do Vietnã do Sul durante a Guerra do Vietnã e passou a maior parte de sua vida no Sul. "Ele era um candidato de consenso, acordado entre as duas facções mais importantes, os reformistas e os tradicionalistas", explica Balazs Szalontai. "Linh, um estrategista habilidoso, fez seu melhor para mostrar seu respeito aparente pelo secretário-geral em exercício, Truong Chinh, mas também ganhou popularidade substancial no Sul ao prometer corrigir os recentes 'erros' do regime."[68]

O Sexto Congresso do Partido é considerado um evento seminal na história do Vietnã e o início das reformas fundamentais que vieram a ser conhecidas como *Doi Moi* ("Renovação") e que têm sido a base para todas as mudanças positivas que ocorreram no Vietnã desde então. O congresso do partido foi marcado por uma onda de autocrítica radical. Em um discurso no congresso, um delegado declarou abertamente: "O povo perdeu a fé no partido. Isso nunca aconteceu desde que o partido foi fundado".[69]

O relatório oficial, pela primeira vez, dispensou uma descrição detalhada da longa e heroica luta do povo vietnamita e continha apenas a mais breve enumeração dos sucessos do partido e do país. Uma comparação de vários rascunhos com a versão final do relatório que foi apresentado no Congresso do Partido mostra que uma visão autocrítica prevaleceu cada vez mais: "o primeiro rascunho concluiu que a linha do partido estava correta, mas que alguns erros de orientação foram cometidos em sua orientação para implementação, o que resultou em meio sucesso e meio fracasso (...) No entanto, no decorrer da discussão do rascunho, grandes mudanças foram feitas na estrutura, e foi decidido que a ênfase devia ser colocada no exame detalhado das deficiências subjetivas. Como resultado, o relatório real entregue no Congresso enfatizou no início que eles não deviam 'apenas verificar o sucesso alcançado, mas também examinar seriamente as fraquezas, analisar de perto os erros e falhas, esclarecer suas causas e definir novas tarefas e metas'. A ênfase estava na análise da causa subjetiva que trouxe dificuldades."[70] O que se queria apontar eram os erros cometidos pelo partido.

A liderança do partido admitiu abertamente que os anos de 1976 a 1980 foram anos perdidos em que efetivamente não houve crescimento econômico. As taxas médias de crescimento anual no setor industrial foram dadas como 0,6 por cento e, na renda nacional, 0,4 por cento. "No período seguinte ao Plano Quinquenal de 1981 a 1985, melhorias foram alcançadas, mas em muitos casos isso realmente significava apenas ter restaurado as coisas para onde tudo havia começado, em 1975."[71]

O relatório abordou sem rodeios várias questões, incluindo:

- O crescimento da produção manufatureira não era suficiente para satisfazer às necessidades da população.
- A produtividade do trabalho estava em declínio.
- Os recursos naturais estavam sendo desperdiçados, o meio ambiente deteriorado.

- A inflação estava muito alta.
- O desemprego e o emprego de meio período estavam na casa dos milhões.
- As necessidades materiais e culturais mais básicas da população não estavam sendo atendidas.
- A lei e a ordem estavam sendo violadas e a corrupção era generalizada.[72]

Isso diz muito sobre os vietnamitas; o fato de eles não tentarem culpar fatores externos — como a longa guerra com os EUA e sua destruição associada, os conflitos militares com a China e o Camboja, desastres naturais e assim por diante — pela situação terrível em que seu país se encontrava. Em vez disso, a resolução final do Congresso do Partido foi decididamente autocrítica: "Sem subestimar as dificuldades objetivas, o Congresso do Partido chega à conclusão de que as razões subjetivas para a situação atual devem ser buscadas acima de tudo em erros e falhas de liderança e direção do Partido e do Estado".[73]

Também pesa a favor dos vietnamitas o fato de que tiraram as lições políticas corretas: em essência, as reformas acordadas no Congresso do Partido e colocadas em andamento nos anos seguintes concentraram-se em dar mais liberdade ao mercado e conter o Estado todo-poderoso. Isso não significou uma mudança repentina de uma economia estatal planificada para uma economia de livre mercado. Mas até então, de acordo com a doutrina socialista, tudo havia sido baseado na economia estatal, e agora a diretriz oficial era que o Estado, a cooperativa e os setores privados deveriam coexistir em pé de igualdade.[74] A propriedade privada dos meios de produção não era mais desaprovada e havia um desejo de se abrir para países estrangeiros capitalistas.

A nova direção política e econômica também significava que a riqueza e os ricos da sociedade eram valorizados de maneira diferente. Na China, as reformas econômicas de Deng Xiaoping começaram com o slogan "Deixe algumas pessoas ficarem ricas primeiro!" No Sexto Congresso do Partido do Partido Comunista do Vietnã, um dos palestrantes comentou: "Não devemos ter medo de que as pessoas fiquem ricas, pois nosso país só será forte quando nosso povo for próspero".[75] Em sua análise do Congresso do Partido, Furuta Motoo escreve: "Esse comentário é um símbolo da mudança do 'socialismo de compartilhar a pobreza' para o 'socialismo de recompensar a vida', e este Congresso, ao defender claramente a necessidade de uma reviravolta, definiu a principal direção básica da reforma que foi lançada como uma contramedida às crises em 1979".[76]

Quando as novas reformas foram anunciadas, muitos vietnamitas ficaram inicialmente céticos: "A história do Vietnã torna seu povo desconfiado de tendências e novas forças", escrevem Nancy Napier e Dau Thuy Ha. "Só o século passado trouxe o colonialismo francês, o comunismo em 1945, a reunificação em 1975 e o choque em 1989, quando os irmãos comerciais e políticos na Rússia e na Europa Central desapareceram. A cada reviravolta, os vietnamitas sobreviveram, em parte por manter mentalidades e maneiras de agir que funcionaram por séculos: persistência e desenvoltura, teimosia e astúcia."[77]

Os anúncios foram seguidos por ação, mesmo que não imediatamente. As cooperativas de produção agrícola foram efetivamente dissolvidas ao se liberarem em grande parte os agricultores para planejar a produção, comprar e comercializar seus produtos.

Em 1988, as reformas começaram a ganhar impulso. Algumas mudanças importantes:[78]

- permissão para fabricantes privados empregarem até dez trabalhadores (número aumentado posteriormente);
- abolição dos postos de controle aduaneiros internos;
- eliminação do monopólio do comércio exterior do Estado;
- restrições reduzidas à empresa privada;
- eliminação de quase todos os subsídios diretos e controles de preços;
- separação do banco central do banco comercial;
- supressão dos principais elementos do planejamento central e

das burocracias de preços;

- devolução de empresas do sul que haviam sido nacionalizadas em 1975 para seus antigos proprietários ou parentes;
- devolução de terras a proprietários anteriores do sul caso tivessem sido "apropriadas de maneira ilegal ou arbitrária" na campanha de coletivização anterior.[79]

Similarmente à China, os líderes do Vietnã não tentaram implementar um novo sistema de cima para baixo de uma só vez, mas começaram com experimentos em âmbito local, e, nos locais onde estes foram bem-sucedidos, foram transferidos para o nível estadual.[80] Como observa Anh-Dao, "foi uma experiência regional além do que era permitido pelas regras que construíram um consenso político na sede do partido".[81]

Um foco das reformas foi a agricultura. Vale a pena lembrar que, em 1987, 70 por cento dos trabalhadores vietnamitas trabalhavam na agricultura, e o setor gerou 41 por cento do produto interno bruto do país.[82] Em 2010, já havia caído para 53,9 por cento e 20,6 por cento, respectivamente.[83] Em 2019, 37 por cento da população ainda estava empregada na agricultura,[84] e, em 2021, o setor gerou apenas 12,6 por cento do produto interno bruto.[85]

A fim de promover a empresa privada no campo, os agricultores familiares receberam o direito de arrendar terras de fazendas cooperativas e estatais a longo prazo no final de 1987. Os direitos desses agricultores ao uso da terra foram expandidos na Constituição de 1992 e na Lei da Terra de 1993. Embora a terra não pudesse ser comprada e vendida como propriedade privada, a transferibilidade e a hereditariedade da terra em arrendamentos de longo prazo (até 75 anos) foram garantidas.[86]

O caráter das cooperativas agrícolas mudou. Depois que os coletivos foram desfeitos, os agricultores agora uniam-se voluntariamente. As novas cooperativas tornaram-se prestadoras de serviços para os agricultores, a preços muito menores que os coletivos dos tempos socialistas. O serviço ficou ao mesmo tempo melhor e mais barato.[87]

As empresas também desfrutavam de uma autonomia significativamente maior no setor industrial. A capacidade da sede do Estado de intervir diretamente na atividade econômica no nível das bases seria restrita. As relações econômicas entre as empresas agora seriam reguladas por contratos mútuos.[88] A economia planificada não foi abolida, mas o planejamento agora significava apenas estabelecer metas estratégicas ao longo de prazos prolongados. Em março de 1988, foi aprovada uma "Lei sobre a Própria Empresa Industrial do Povo". Como explica Claudia Pfeifer, ela "permitiu que as empresas realizassem atividades independentes de produção e comércio, incluindo atividades de comércio exterior".[89]

O estabelecimento de salários e a exploração de lucros agora era uma questão para as empresas individuais e não mais para as autoridades estatais de planejamento, escreve Claudia Pfeifer: "As empresas receberam até o direito de vender, emprestar ou alugar capacidades que não poderiam ser usadas pela empresa em um momento específico".[90]

No entanto, nesses casos, os ativos da empresa permaneciam propriedade do Estado. Os subsídios para empresas estatais foram reduzidos, para que fossem forçadas a trabalhar com mais eficiência. Além disso, elas tinham que competir no mercado com preços realistas. Muitas empresas menores e administradas localmente, que anteriormente eram economicamente inviáveis, tiveram que declarar falência e, no geral, o número de funcionários em empresas estatais caiu cerca de 30 por cento — mais de 800.000 funcionários — entre 1989 e 1992.[91]

Não houve uma grande onda de privatizações, como em alguns países da Europa Oriental, já que o Vietnã seguiu um caminho semelhante ao da Polônia: as empresas estatais permaneceram, mas declinaram em importância em relação à economia privada. Ao mesmo tempo, o setor privado foi incentivado por decisões de março e novembro de 1988. Anteriormente, não havia empresas privadas no Vietnã, além de empresas familiares, que, no entanto, não tinham permissão para contratar mão de obra assalariada — pelo menos oficialmente. Tam T.T. Nguyen observa que: "Sob o guarda-chuva das cooperativas controladas pelo Estado, no entanto, havia empresas que eram administradas como quase empresas privadas, mesmo nos tempos da economia planificada. Isso é especialmente verdadeiro no sul do país, onde várias empresas que haviam sido nacionalizadas em 1975 e 1976 continuaram como cooperativas sob a gestão dos antigos proprietários."[92]

Um passo decisivo sob as últimas reformas foi que as empresas privadas agora podiam contratar quantos trabalhadores quisessem ou precisassem.[93] Então, em 1990/91, as formas legais de empresa individual, empresa de responsabilidade limitada e sociedade anônima foram introduzidas.[94] O desenvolvimento culminou em 1992 com o Artigo 21 da nova constituição garantindo a proteção da propriedade privada dos meios de produção contra a expropriação.[95]

Já em 1987, a introdução de uma nova lei de investimento enviou um sinal claro: o Vietnã estava pronto para se abrir aos investidores estrangeiros. A nova lei permitiu investimentos com 100 por cento de propriedade estrangeira e o Vietnã garantiu que o capital e a propriedade de investidores estrangeiros estariam seguros: não poderiam ser requisitados, confiscados nem nacionalizados.[96]

Até março de 1989, o Estado havia fixado todos os preços. Agora, essa regulação aplicava-se apenas a eletricidade, gasolina, cimento, aço e serviços de transporte. Essa liberalização dos preços levou a uma melhoria no fornecimento de bens. Embora muitos preços continuassem a subir drasticamente, os aumentos geralmente estavam abaixo de 100 por cento. Até 1986, os aumentos de preços muitas vezes atingiram 600 por cento. No caso dos alimentos básicos, os preços permaneceram estáveis e, no caso do arroz, caíram até 30 por cento.[97]

Mesmo que o início das reformas seja datado de 1986, elas começaram mais cedo — como mostramos — e de modo algum terminaram na década de 1980. Pelo contrário, as reformas foram um processo contínuo. Em maio de 1999, foi aprovada uma nova Lei Empresarial, que removia mais obstáculos burocráticos para empresas privadas. Como observa Bill Hayton, especialista em geopolítica do Sudeste

Asiático: "O impacto, uma vez que entrou em vigor em 1° de janeiro de 2000, foi quase instantâneo: nos cinco anos seguintes, 160.000 empresas foram registradas. A maioria delas eram empresas existentes que estavam operando sem licença e aproveitaram a nova lei para se registrar. No entanto, a lei significava que o setor privado finalmente havia chegado ao Vietnã — 20 anos após o início da reforma econômica."[98]

Por mais importantes e decisivas que tenham sido as reformas no Congresso do Partido, não se deve esquecer que elas se originaram em desenvolvimentos espontâneos e de base em favor de um mercado mais livre — que então foram sancionados no Congresso do Partido: "Na maior parte, a reforma foi de fato uma autorização tardia das atividades 'cinzentas' das pessoas".[99]

A nova direção política foi acompanhada por um novo começo em termos de pessoal, e não apenas no topo. No Congresso do Partido, um total de 173 membros e candidatos foram eleitos para o Comitê Central do Partido — 81 deles inteiramente novos.[100] Quando você considera que 47 por cento dos membros do Comitê Central no Quinto Congresso do Partido eram recém-chegados,[101] fica claro como foi radical esse novo começo.

Abrindo-se para o mundo exterior – o Vietnã beneficia-se com a globalização

Os reformistas perceberam cedo que o país só poderia se recuperar caso se abrisse para o mundo exterior. Essa "abertura" teve um impacto muito real e tangível na vida cotidiana no Vietnã, como mostra o seguinte relato de Lam Duc Hung, médico nascido em 1939: "Antes da Doi Moi, o setor de saúde enfrentava muitos problemas. Nos hospitais, os pacientes só usavam roupas sujas, os colchões estavam cheios de piolhos e percevejos. Médicos e enfermeiros comiam arroz misturado com amendoim e milho. Equipamentos médicos e medicamentos eram muito escassos."

Entre 1981 e 1983, Lam Duc Hung foi enviado para a Argélia em uma missão de pesquisa. Quando voltou, teve a tarefa de conceber uma série de projetos de saúde:

> O primeiro projeto, em 1985, foi lutar contra a degradação hospitalar. Enviei uma proposta de 60 páginas. Inicialmente, o projeto não foi aprovado. Eles acharam que eu não seria capaz de replicar no Vietnã o que havia sido alcançado na Argélia. Foi somente após 1986, com a Doi Moi, que surgiu uma nova maneira de pensar. Fui autorizado a anunciar o projeto em uma coletiva de imprensa nacional, que atraiu a atenção internacional. O governo forneceu imediatamente um total de 10 bilhões de Đồng para hospitais, dos quais 2 bilhões de Đồng foram alocados para o Hospital Bach Mai, onde eu trabalhava.
>
> Alguns de meus projetos depois disso foram Medicamentos Essenciais (1988) e o Programa Antibócio da UNICEF (1989). De 1990 a 1995, meus projetos concentraram-se em tuberculose, hanseníase, malária e outras doenças.
>
> Graças à Doi Moi e à política de portas abertas, a cooperação multilateral também floresceu. Trabalhei com a Agência Japonesa de Cooperação Internacional (JICA) para gerenciar novos investimentos no Hospital Bach Mai em 1988-1989. Lembro-me de que os fundos totalizaram 20 bilhões de dólares e os doadores incluíam Japão, Suécia, Itália e França. Graças a esse investimento, temos um hospital espaçoso e moderno. A comida do hospital melhorou, tudo estava mais limpo e o humor entre médicos e enfermeiros melhorou.
>
> Também havia as máquinas e os equipamentos. Graças aos esforços da minha equipe, a JICA investiu no Hospital Viet Xo e forneceu um conjunto completo de exames de imagem, incluindo um tomógrafo. Também pudemos intercambiar especialistas e participar de conferências internacionais com mais regularidade. Por exemplo, participei de seminários na Indonésia em 1989, um seminário sobre bócio em Bangkok em 1990 e um seminário

sobre cuidados primários de saúde nas Filipinas.

Também graças à Doi Moi, pude contribuir mais e desfrutar de maior liberdade em minha pesquisa. Também ficou mais fácil compartilhar meu conhecimento e experiência. Quando eu estava na Argélia, fiquei impressionado com o alto nível de apoio que as enfermeiras prestavam aos médicos. Isso me inspirou a estabelecer a Associação de Enfermeiros do Vietnã, que ajudou a elevar o perfil da profissão de enfermagem. Então eu não apenas tratei pacientes, mas também ajudei o padrão geral de atendimento médico no Vietnã.[102]

A abertura do Vietnã também significou, acima de tudo, acolher o investimento estrangeiro no país e a integração à economia mundial capitalista. Em 1989, uma Lei de Investimento Estrangeiro foi aprovada e os primeiros investimentos começaram a fluir para o Vietnã a partir de Europa Ocidental, Cingapura, Coréia do Sul, Tailândia, Hong Kong, Japão, Austrália e outros países.

Até o início das reformas, o Estado dominava todos os aspectos do comércio exterior do Vietnã, que era principalmente com os países socialistas, em primeiro lugar com a União Soviética. Em 1990, a URSS já não era capaz nem estava disposta a apoiar outros estados socialistas. Na introdução de *Reinventing Vietnamese socialism: Doi Moi in comparative perspective (Reinventanto o socialismo vietnamita: a Doi Moi em perspectiva comparativa)*, William S. Turley, que pesquisa o comunismo vietnamita desde 1970, explica: "Após anos cobrindo 25-30 por cento de seu orçamento estatal com ajuda externa, o Vietnã de repente, em 1991, teve que se contentar com apenas 5 por cento de suas receitas provenientes dessa fonte".[103]

Uma das reformas mais importantes envolveu a abolição do sistema de especificações de planejamento central e permitir que as empresas gerenciassem cada vez mais suas próprias exportações e importações.[104] A importação e a exportação privadas de mercadorias foram permitidas e, em pouco tempo, o Vietnã conseguiu compensar seu comércio perdido com países socialistas, aumentando seus volumes comerciais com países capitalistas, especialmente na Ásia (Taiwan, Coreia do Sul, Hong Kong, Cingapura, Japão) e na Austrália.

Desde o início da década de 1990, a integração do Vietnã na economia mundial global tem sido, de acordo com o Banco Mundial, "o principal impulsionador dos excelentes resultados econômicos do Vietnã, incentivando a concorrência e um ambiente de negócios favorável ao mercado".[105]

Nos anos seguintes, o comércio com a China, os EUA e a Europa foi expandido. Em 1993, os EUA suspenderam seu embargo econômico e, em 2001, Hanói concluiu um acordo comercial bilateral (BTA) com Washington. "Esse acordo comercial com os EUA representou um verdadeiro avanço para o Vietnã", lembra o advogado alemão Oliver Massmann, que mora em Hanói há 25 anos e foi fundamental na formulação deste acordo. O BTA abrange o comércio de bens e serviços, proteção de propriedade intelectual, proteção de investimentos, facilidade de fazer negócios e salvaguardas de transparência.

"O BTA é o acordo comercial mais abrangente que o Vietnã assinou até o momento", anunciaram os EUA.[106] O advogado Massmann lembra: "As negociações levaram quase cinco anos, mas terminaram com um documento de 140 páginas que rapidamente levou a um avanço no comércio entre os EUA e o Vietnã". O acordo foi assinado em 10 de dezembro de 2001 e, uma década depois, os vietnamitas puderam proclamar orgulhosamente: "Nos últimos dez anos, o volume de comércio entre os EUA e o Vietnã cresceu 1.200 por cento, de US$ 1,5 bilhão para mais de US$ 20 bilhões".[107]

Massmann descreve a negociação do acordo comercial como uma importante experiência de aprendizado para o Vietnã e como um pré-requisito para ingressar na Organização Mundial do Comércio (OMC) no início de 2007. "O acordo comercial com os EUA foi o avanço. Sem esse acordo comercial, a adesão do Vietnã à Organização Mundial do Comércio não teria acontecido tão rapidamente", explica o advogado.

"A adesão do Vietnã à OMC abriu o caminho para a entrada do país na economia global, com TLCs bilaterais e multilaterais. Essa adesão abriu um novo capítulo no qual o IDE cresceu, as relações comerciais expandiram-se e a integração no mapa econômico global intensificou-se."[108]

Tudo isso também teve um impacto no próprio Vietnã, já que os acordos da OMC têm um impacto na legislação nacional, com os Estados membros comprometendo-se a alinhar suas leis nacionais com as regras da OMC. Agora o Vietnã é membro de todas as principais organizações e instituições econômicas internacionais, incluindo a Associação das Nações do Sudeste Asiático (ASEAN), Área de Livre Comércio Asiática (AFTA), Fórum de Cooperação Econômica Ásia-Pacífico (APEC), Banco Mundial e Fundo Monetário Internacional.

Um acordo de livre comércio com a UE entrou em vigor em 1° de agosto de 2020. O acordo serviu para remover tarifas, burocracia e outros obstáculos que as empresas europeias enfrentavam ao exportar para o Vietnã. Isso facilitou o comércio de produtos essenciais, como eletrônicos, alimentos e produtos farmacêuticos, e abriu o mercado do Vietnã para atender a exportações da UE — por exemplo, nos setores de transporte e telecomunicações. O Vietnã aboliu 65 por cento de suas tarifas sobre os produtos da UE no dia em que o acordo entrou em vigor. As tarifas restantes devem ser eliminadas até 2030. A UE eliminará gradualmente suas tarifas sobre as importações do Vietnã até 2027.

Em 30 de junho de 2020, outro importante acordo bilateral entre a UE e o Vietnã, o Acordo de Proteção dos Investimentos UE-Vietnã (EVIPA), foi assinado em Hanói. O EVIPA tem que ser ratificado por todos os estados membros da UE para entrar em vigor. Até agora, apenas 12 países da UE ratificaram o acordo. Assim que o EVIPA entrar em vigor, ele substituirá todos os acordos bilaterais de investimento existentes entre o Vietnã e os estados membros da UE. Essas regras garantirão que os investidores da UE tenham direito ao melhor tratamento disponível. "Com o EVIPA", diz Massmann, "o Vietnã terá uma posição melhor do que a China em atrair mais investimentos de alta qualidade da UE".

Outro sistema importante é o mecanismo de "Resolução de Litígios entre Investidor e Estado". Em disputas relacionadas a investimentos, o mecanismo permite que os investidores levem sua disputa ao Tribunal de Investimento para uma resolução. Para garantir a justiça e a independência da solução de litígios, o tribunal permanente é composto por nove membros: três nomeados pela UE, três pelo Vietnã e três pelos outros países. Os casos são ouvidos por um tribunal de três membros selecionados aleatoriamente pelo presidente do tribunal. A EVIPA também permite que os casos sejam ouvidos por um único membro do tribunal se o requerente for uma empresa de pequeno ou médio porte ou a indenização por danos for relativamente baixa. Caso qualquer uma das partes litigantes discorde da decisão do tribunal, ela pode interpor um recurso a um Tribunal de Apelação.

Por um período de cinco anos a partir da entrada em vigor da EVIPA, qualquer acordo final deve ser implementado pelos tribunais nacionais do Vietnã. Pela primeira vez na história jurídica vietnamita, tais acordos serão diretamente aplicáveis no Vietnã. Após cinco anos, qualquer acordo final será automaticamente executado no Vietnã ou no país da UE do investidor/estado em questão. Massmann diz: "Esse IPA criará níveis incomparáveis de segurança jurídica e bancabilidade no Vietnã".

Hoje, a economia vietnamita é "uma das mais abertas ao comércio mundial".[109] O incrível crescimento econômico do Vietnã prova como são insensatos os ativistas antiglobalização quando argumentam que a globalização significa explorar os países em desenvolvimento e roubá-los de oportunidades. Na verdade, é o contrário. O padrão de vida no Vietnã melhorou — assim como na Coreia do Sul e na China, por exemplo — porque esses países se beneficiaram incomensuravelmente da globalização. É certo que um forte foco nas exportações, como é típico para países como Alemanha, Coreia do Sul e Polônia, não é apenas uma oportunidade, mas também pode se tornar um risco se a economia global se deteriorar.

Abrir-se ao mundo exterior também significou abrir-se ao investimento direto estrangeiro (IDE). O Vietnã tem atraído investidores desde a década de 1990; primeiro das economias asiáticas e do Japão, e agora também da Europa e dos EUA. Os investimentos diretos estrangeiros aumentaram de US$ 7,6 bilhões para US$ 17,1 bilhões no período entre 2009 e 2019.[110]

O gestor de fundos Andy Ho destaca as seguintes como as principais razões para investir no Vietnã:

A grande população de quase 100 milhões de pessoas do Vietnã, dois terços das quais têm menos de 35 anos de idade — "é o último mercado significativamente grande na Ásia a se desenvolver".[111]

Uma classe média em rápida expansão de cerca de 30 milhões de pessoas.

A taxa rápida de urbanização, que alimenta a demanda por imóveis e infraestrutura.

Um setor manufatureiro em crescimento "que está se transformando rapidamente no centro de produção do Sudeste Asiático graças aos baixos salários e à força de trabalho razoavelmente bem instruída".[112]

Condições gerais estáveis (política, moeda etc.).

Um governo comprometido com reformas econômicas contínuas e integração total na economia mundial.

Em um estudo publicado em 2011, Mai Anh Hoang resume as descobertas de vários estudos empíricos sobre o impacto do IDE no crescimento no Vietnã. O resultado de quatro estudos diferentes cobrindo os períodos de 1988 a 2003 foi: "O IDE contribui significativamente para o crescimento econômico e estimula o investimento doméstico".[113] No entanto, ela mesma chega a uma conclusão diferente, dizendo que "não há evidências convincentes de que a abertura tenha sido o principal motor do crescimento econômico durante as últimas décadas".[114] Ao mesmo tempo, ela qualifica suas próprias descobertas afirmando que "isso não implica que a abertura não desempenhe um papel importante na economia vietnamita. É provável que a abertura tenha desempenhado um papel muito importante ao pressionar a economia a explorar suas vantagens comparativas e tenha promovido a concorrência, aumentando a eficiência doméstica, especialmente o investimento doméstico."[115]

Em fevereiro de 2021, o Décimo Terceiro Congresso do Partido Comunista adotou uma estratégia econômica de dez anos para redirecionar o investimento estrangeiro a indústrias de alta tecnologia e garantir salvaguardas ambientais para esses investimentos. O Departamento de Estado dos Estados Unidos fizeram a seguinte avaliação: "Em 1° de janeiro de 2021, a Lei de Valores Mobiliários do Vietnã e a nova Lei do Código do Trabalho, que a Assembleia Nacional aprovou originalmente em 2019, entraram em vigor. A Lei de Valores Mobiliários afirma formalmente a intenção do governo de remover os limites de propriedade estrangeira para investimentos na maioria dos setores. O novo Código do Trabalho inclui várias disposições atualizadas, incluindo maior flexibilidade contratual, reconhecimento formal de uma maior parte da força de trabalho e permissão para que os trabalhadores se juntem a organizações independentes de direitos dos trabalhadores, embora os principais decretos de implementação permaneçam pendentes. Em 17 de junho de 2020, o Vietnã aprovou uma Lei de Investimento revisada e uma nova Lei de Parceria Público-Privada, ambas projetadas para incentivar o investimento estrangeiro em grandes projetos de infraestrutura, reduzir a carga sobre o governo para financiar tais projetos e aumentar os vínculos entre investidores estrangeiros e o setor privado vietnamita."[116]

O investimento estrangeiro também teve um papel fundamental a desempenhar no aumento dos padrões de vida, porque os salários e as condições de trabalho em empresas estrangeiras são muitas vezes melhores do que nas empresas vietnamitas. "O investimento direto estrangeiro foi importante na transformação do emprego, já que a maioria dos empregos em empresas de propriedade estrangeira é formal e com salários mais altos em comparação com uma empresa doméstica." Praticamente todos os trabalhadores em empresas de propriedade de investidores estrangeiros têm um contrato de trabalho — em empresas vietnamitas de propriedade privada, isso se aplica apenas a um em cada dois trabalhadores. Além disso, as empresas estrangeiras pagam aos trabalhadores cerca de duas vezes mais do que as empresas domésticas.[117] "Assim, há uma forte correlação entre injeções de IDE, o número crescente de empregos industriais e salários mais altos", observa o Relatório do Banco Mundial 2022.[118]

Como as reformas melhoraram a vida cotidiana das pessoas

As reformas funcionaram, mas é claro que levou tempo para uma economia de mercado se estabelecer e para que os efeitos se tornassem visíveis para todos. As condições melhoraram apenas lentamente. Na década de 1980 e no início da década de 1990, a maioria dos vietnamitas vivia na pobreza. Não houve uma melhora radical nas condições de vida. Vu Dinh Loc relata sobre esse tempo:

> Quando minha esposa se aposentou, em 1987, tínhamos algumas economias, então ela queria começar um negócio. Mesmo que a Doi Moi tivesse começado naquela época, eu tinha medo de perder meu emprego. Um amigo, diretor geral da empresa Bee Honey Central, foi autorizado a iniciar um segundo negócio em paralelo à exportação de mel, então ele começou a produzir bebidas e nos deixou ser seu distribuidor autorizado, com 5 por cento das vendas. Então não tivemos que contribuir para os custos de instalação, só tivemos que redecorar nossa loja, que fazia parte da nossa casa. Nosso negócio foi ótimo na época, os contêineres nos entregavam produtos várias vezes por semana. Quando chegou o Tet [o ano novo lunar vietnamita e o festival anual mais importante], as

> pessoas fizeram fila para comprar nosso álcool. Então, tivemos a ideia de comprar papel de embrulho para decorar as garrafas, a fim de cobrar um preço ainda mais alto.
>
> Em 1989, outra empresa nos deixou ser seu distribuidor autorizado, então começamos a vender tinta, verniz (...) E vendíamos também cerâmica Bat Trang. Ela vendia bastante bem. Mas minha casa era muito pequena, então tinha que dormir ao lado das cerâmicas, em uma cama de madeira. Eu tinha que dirigir uma moto velha até a vila de Bat Trang (16 km da minha casa) para encomendar cerâmica nova. Eu ainda trabalhava como oficial 8 horas por dia de segunda a sábado, e à noite tinha que entregar cerâmica aos clientes na estação de ônibus Nuoc Ngam. As coisas melhoraram para nós.[119]

Muitas pessoas tiveram que se adaptar às novas condições. Nguyen Trong Hoa costumava ensinar russo, mas, na década de 1990, ninguém precisava mais aprender o idioma. Ele começou a ensinar vietnamita e criou seu próprio pequeno negócio como uma ocupação secundária — primeiro tirando fotos de casamento e depois operando uma copiadora:

> Em 1994, comprei uma câmera e um gravador de vídeo para começar um negócio como fotógrafo de casamento. Gastei de 800 a 900 dólares. Um dia, meu pai me apresentou a um professor, que recomendou que eu comprasse uma fotocopiadora. Então, comprei uma máquina japonesa antiga e comecei meu negócio. Eu ainda ensinava das 7:00 às 11:00 da manhã. Acordava cedo, ligava a fotocopiadora, minha esposa empilhava as cópias, minha filha as carimbava, e então toda a família ia para o trabalho e para a escola às 7:30. Ao meio-dia, quando chegava em casa, continuava fazendo cópias. Aquela máquina cuidou da minha família por dois anos. Em 1996, minha esposa e eu nos formamos em inglês e ensinamos vietnamita oficialmente. Minha filha foi para a universidade, então vendemos a máquina que ajudou minha família a superar

as dificuldades daquela época.

Fui autorizado a ensinar vietnamita a estrangeiros, então minha renda aumentou muito (...). Em 1996, a política era totalmente aberta, então eu podia ensinar quem eu quisesse. Ensinei oficiais das embaixadas francesa, dos EUA e da Dinamarca, que então me apresentavam a outras pessoas. A diferença depois da Doi Moi é que eu era capaz de trabalhar mais livremente; antes das reformas, eu não tinha permissão para ensinar em todos os lugares, só tinha permissão para ensinar em escritórios governamentais. Porém, depois da Doi Moi, a partir de 1996, fui autorizado a ensinar qualquer um que precisasse de aulas. Eu era professor de língua russa, mas, naquela época, ninguém queria aprender russo, então passei a ensinar vietnamita para estrangeiros. No verão de 1996, entrei para um programa do Vietnamese Advanced Summer Institute (VASI), que enviava estudantes para o Vietnã para aprender vietnamita. Isso foi de junho a setembro. Em 1999, um aluno me perguntou se eu estaria interessado em ir aos EUA para ensinar, então perguntei a eles como eu poderia fazer isso acontecer e eles disseram que me recomendariam e eu tive que usar a internet para me conectar com os EUA. Registrei-me em 2000, mas fui rejeitado. Então, em 2002, uma fundação dos EUA decidiu me chamar para os EUA para ensinar. Depois disso, fui para a China e o Camboja. Minha renda era muito boa. Depois de 2000, fui mandado para os Estados Unidos. De 2005 a 2007, ensinei vietnamita na China. Minha universidade me pediu para ser um linguista vietnamita em Guilin (China). Meu salário era bom.[120]

Nguyen Thi Quat nasceu em Bac Ninh em 1938, mas viveu a maior parte de sua vida em Hanói. Ela compartilha o quanto sua vida mudou após as reformas:

Quando a Doi Moi começou, em 1986, abri uma loja em minha casa. Era bem pequena, mas era o suficiente para eu vender roupas de bebê. E algumas pessoas até me pediam para vender as roupas que recebiam ao resgatar seus selos. Minha renda aumentou naquela época; podíamos comer e viver felizes. Podíamos comer frango no jantar, diferente de antes. Anteriormente, só tínhamos condições de comprar carne uma ou duas vezes por mês. Lembrei-me de que as ruas, as pessoas, haviam mudado visivelmente. A renda melhorou para quase todos ao meu redor graças à oportunidade de fazer negócios. Depois disso, também passamos a vender roupas para adultos. Além disso, pude ver totalmente a crescente demanda do povo vietnamita ao meu redor. Minha família estava muito ocupada com a loja. Até recebíamos alguns clientes às 6:00 da manhã porque eles viajavam de outras províncias apenas para comprar em nossa loja. Às vezes, não conseguíamos almoçar porque a loja ainda estava lotada na hora do almoço e o mesmo muitas vezes também acontecia na hora do jantar. Não tínhamos fins de semana, para sermos honestos. As necessidades dos consumidores dispararam. Em 1991, até tivemos que contratar cinco ou seis funcionários para nossa loja. Em 1992, minha filha teve que ficar em casa para nos ajudar a gerenciar a loja depois que ela se formou.

Uma história engraçada é que antes da Doi Moi tínhamos que comer arroz misturado com milho, mas quando conseguimos comer arroz branco puro, parecia estranho e eu não conseguia me acostumar. Depois de anos fazendo negócios, conseguimos renovar nossa casa. Nossa filha até comprou uma bicicleta Peugeot, e meu marido teve dinheiro suficiente para comprar uma motocicleta. Tudo mudou drasticamente. Em apenas dez anos, o país tinha uma nova aparência. Parecia um ponto de virada para o país.

Minhas lojas tornaram-se cada vez maiores, e a fonte de produtos ficou muito diversificada. Tínhamos itens da China, de Hai Phong e de Nam Dinh. As confecções começaram a aparecer e se juntar a nós. Nossas lojas tinham uma grande quantidade de produtos domésticos. Naquela época, a rua Kham Thien tinha muitas lojas de costura, então eles nos forneciam seus produtos. Tivemos nosso negócio por bastante tempo e fechamos nossa loja em 2010.[121]

Nguyen Quoc Minh-Quang descreve como a abertura da economia do Vietnã criou oportunidades de negócios para ele e, assim, melhorou sua vida:

Em 1995, aluguei um quiosque na rua Hang Dao para vender produtos da Tailândia. Consegui muitos clientes. Por causa da política de portas abertas, foi muito fácil para nós fazer negócios. A rua Hang Ngang—Hang Dao tornou-se um destino para atacadistas. Para mim, era como o centro comercial de toda a região norte, lotado de pessoas querendo comprar e vender. A melhor temporada para nós, comerciantes, era alguns meses antes do Tet. Essa era a melhor época do ano para todos nós.

Em 1997, decidi comprar um quiosque no mercado Dong Xuan, para vender roupas no atacado. A China começou a se abrir, seus produtos inundaram o Vietnã. Eu comprava mercadorias através de um comerciante na China e as revendia. Mas, como havia um intermediário, eu não conseguia ganhar muito. Então, eu mesmo comecei a ir para Guangzhou, ia às fábricas para comprar mercadorias e trazê-las ao Vietnã. Depois de um tempo, minha esposa e eu começamos a fazer nossos próprios produtos. Minha esposa também foi para a União Soviética como trabalhadora no setor de vestuário. Ela fazia o design das roupas e depois íamos para a China para produzi-las. Tínhamos que terminar os designs em maio, e então eu as levava para a China e discutia os custos com a fábrica. Eles tinham que terminar de produzi-las antes de agosto para que pudéssemos tê-las aqui em Hanói em setembro, para começar a vender para a temporada do Tet. Para ir para a China assim, tinha que gastar 5 milhões de Đồng, o que equivalia a cerca de dois meses do salário médio na época, mas valia a pena, porque nossos produtos vendiam tão bem que se tornaram nossa própria marca. Tivemos que contratar pelo menos mais duas pessoas para nos ajudar com nossos negócios. Vinham tantos clientes atacadistas ao nosso quiosque que eu acho que eles também devem ter vendido muito bem. Às vezes, nossos produtos acabavam de chegar ao armazém de trânsito, eles ainda não haviam chegado ao nosso quiosque, mas nossos clientes regulares já os haviam levado e nos pagavam mais tarde, sem nem ter certeza se a qualidade era boa ou não. O engraçado é que havia um suéter que eu queria guardar para mim, mas meu cliente me disse para tirá-lo para que ele pudesse vendê-lo. Bem, eu podia ver totalmente que a demanda estava aumentando porque as pessoas haviam alcançado estabilidade financeira em suas vidas e agora estavam começando a fazer compras para se presentearem.

O negócio estava indo tão bem que pudemos comprar um carro e casas. Agora, minha esposa ainda vende no mercado Dong Xuan e eu mudei para o setor imobiliário.[122]

Nos primeiros anos das reformas, o progresso foi lento e, em 1989, três anos após o Congresso do Partido ter aprovado a agenda de reformas, a economia do Vietnã ainda estava em sérias dificuldades, relata Mai Anh Hoang. "Portanto, em março de 1989, o Vietnã adotou um pacote de reformas radical e abrangente, destinado a estabilizar e abrir a economia, bem como aumentar a liberdade de escolha para unidades econômicas e concorrência, de modo a mudar fundamentalmente o sistema de gestão econômico no Vietnã."[123]

Os resultados materializaram-se nos próximos anos: o produto interno bruto do Vietnã cresceu 7,9 por cento ao ano entre 1990 e 1996, mais rápido do que qualquer outro país asiático — com exceção da China, onde o crescimento foi ainda maior, de 10 por cento.[124]

Um impacto positivo das reformas Doi Moi foi que a pobreza no Vietnã caiu drasticamente. Existem vários indicadores do Banco Mundial para medir a pobreza. O indicador de pobreza extrema em escala global é de US$ 1,90/dia 2011PPP-IPL (Paridade de Poder de Compra – Linha de Pobreza Internacional 2011). De acordo com ele, 52,3 por cento da população vietnamita vivia em extrema pobreza em 1993; em 2008, o número caiu para 14,1 por cento e, em 2020, era de apenas 1 por cento.[125] No entanto, esse indicador foi desenvolvido para "economias de baixa renda", o que não se aplica mais ao Vietnã.

O Vietnã agora pertence à categoria de países de "renda média-baixa", para os quais a taxa de pobreza é medida em US$ 3,20/dia 2011PPP-LMIC (Paridade de Poder de Compra – Países de Renda Média-Baixa 2011). Por essa medida, quase 80 por cento da população vietnamita estava vivendo na pobreza em 1993, mas em 2006 a taxa já havia caído para 50,6 por cento. Em 2020, situou-se em apenas 5 por cento.[126]

A expectativa de vida também aumentou drasticamente no Vietnã como resultado da melhoria da situação econômica e da redução da pobreza. Em 1980, a expectativa de vida era de 62 anos; hoje, é de 73,6 anos (em média, os homens vivem até a idade de 71,1 e as mulheres até 78,2).[127]

O Vietnã também subiu no Índice de Desenvolvimento Humano das Nações Unidas, que afirma medir de forma abrangente a qualidade de vida das pessoas em um país. A pontuação do índice para o Vietnã aumentou de 0,463 em 1980 para 0,704 em 2020.[128] Isso coloca o Vietnã apenas ligeiramente abaixo da média global de 0,723 para os 185 países do índice.[129]

Analisando as evidências de redução da pobreza no Vietnã, uma avaliação de 2022 do Banco Mundial estabelece que:

- "O crescimento na última década no Vietnã foi amplamente inclusivo, uma vez que o bem-estar melhorou em toda a distribuição econômica das famílias. Os caminhos para sair da pobreza estavam difundidos na maioria dos grupos, já que muitas famílias saíram da pobreza em uma única geração."[130]
- "O aumento dos salários, uma parcela crescente do emprego formal e a saída da agricultura de baixa produtividade aumentaram a renda do trabalho."[131]

Apesar desses grandes avanços, a luta contra a pobreza no Vietnã está longe de acabar. Especificamente, ainda há uma série de desafios significativos em relação às áreas rurais e às minorias étnicas. Embora a taxa de pobreza para a maioria kinh no Vietnã estivesse próxima de zero em 2020, ainda era de 27 por cento para as minorias étnicas.[132]

Houve uma mudança fundamental na estrutura da sociedade vietnamita — a maioria das pessoas costumava pertencer à classe baixa, hoje a maioria pertence à classe média. A dimensão dessa mudança é evidente a partir dos seguintes dados: em 1998, 71,4 por cento das pessoas no Vietnã pertenciam à classe mais baixa (em áreas rurais, o número chegava a 79,5 por cento). Em 2008, isso caiu para 50,7 por cento e, em 2018, apenas 24 por cento ainda eram considerados membros da classe mais baixa. A classe média, que compreendia apenas 27,2 por cento da população vietnamita em 1998, subiu para 65,4 por cento no mesmo período. E a classe alta, que era composta por apenas 1,3 por cento em 1998, havia crescido para 10,6 por cento em 2018.[133]

A desigualdade também aumentou durante esse período, que é o que sempre acontece quando as pessoas escapam da pobreza, como o Prêmio Nobel Angus Deaton demonstrou.[134] O Vietnã não é exceção: a pobreza diminuiu drasticamente, enquanto a desigualdade, medida pela diferença entre a renda das classes baixa e alta, aumentou. O coeficiente de diferença de renda entre as classes alta e baixa, que havia sido de 30,3 em 1998, subiu para 35 em 2008 e 36,8 em 2018.[135]

Entre 2010 e 2020, o consumo médio das famílias *per capita* para os dez por cento mais pobres da população do Vietnã aumentou de 7,4 para 12,1 milhões de đồng por mês. Para os dez por cento mais ricos, aumentou mais, de 52,9 para 136 milhões de đồng por mês.[136]

No entanto, o aumento da desigualdade não é um problema para os vietnamitas, eles a veem como um sinal de maior justiça. Nesse contexto, há um ensaio muito interessante dos cientistas sociais vietnamitas Nguyen Trong Chuan, Nguyen Minh Luan e Le Huu Tang no livro *Socioeconomic renovation in Viet Nam (Renovação socioeconômica no Vietnã)*, cujo conteúdo eu gostaria de apresentar com mais detalhes aqui. "Em épocas anteriores, sob o sistema de subsídios burocráticos", eles escrevem, "a justiça e a igualdade foram interpretadas como tendo o mesmo significado. A igualdade foi entendida como significando que as pessoas na sociedade estão em pé de igualdade umas com as outras em todos os aspectos: politicamente, economicamente e culturalmente."[137]

Em seu artigo, que eles escreveram junto com pesquisadores da Universidade UBC do Canadá, os autores — renomados filósofos e sociólogos vietnamitas — opõem-se a igualar os conceitos de igualdade e justiça. Eles estão convencidos de que os efeitos dessa ideologia igualitária foram prejudiciais para o país: "Qualquer coisa que não esteja de acordo com o igualitarismo seria vista como uma violação do princípio da justiça. Essa visão errada diminuiu, até mesmo aboliu, o impulso para o desenvolvimento socioeconômico."[138]

Como liberais clássicos, eles argumentam que a igualdade deve se referir apenas à igualdade perante a lei, não à igualdade social ou econômica — e justiça social não pode significar tornar todos iguais, mas apenas "que a mesma contribuição resulta no mesmo benefício".[139]

Quanto à desigualdade na população rural, os autores escrevem: "As famílias que têm boas oportunidades, melhor experiência, talento para trabalhar e negociar e trabalho saudável serão mais ricas. Assim, a polarização não representa desigualdade, mas equidade: aqueles que trabalham duro ganharão mais, enquanto aqueles que são preguiçosos e trabalham de modo ineficiente e ineficaz ganharão menos."[140]

Os autores deixam claro que se opõem decididamente às propostas de redistribuição: "Em comparação com o sistema de subsídios, em que a distribuição era igualitária, a polarização atual entre ricos e pobres mostra o restabelecimento da equidade social. Não é um sinal de violação da equidade social e, especialmente, não é uma violação grave, como alguns afirmam."[141]

A desigualdade, reiteram, não é digna de críticas e a busca da riqueza deve ser promovida: "A polarização tornou-se uma importante força motivadora por trás do recente e considerável crescimento econômico. Portanto, agora é a hora de promovermos os resultados já obtidos e incentivarmos as pessoas a enriquecerem legalmente. Não é apropriado parar essa evolução por causa da existência da polarização entre ricos e pobres."[142]

Os autores citam os resultados de pesquisas realizadas em 1993 e 1994, seis a sete anos após o início das reformas Doi Moi. Os resultados mostram que, "na província de Quangnam-Danang, 91,2 por cento das 663 famílias consideraram a polarização atual entre ricos e pobres normal e aceitável". Na cidade de Hồ Chí Minh, a porcentagem de entrevistados que consideraram a polarização entre ricos e pobres "normal e aceitável" foi de 72,9 por cento, e em Hanói foi de 80,2 por cento.[143]

Esses sociólogos e filósofos vietnamitas concluem que seria errado abandonar o curso das reformas do livre mercado só porque a desigualdade entre ricos e pobres está aumentando. "Em outras palavras, embora a polarização entre ricos e pobres se torne cada vez mais evidente, isso não significa que devemos parar de incentivar o enriquecimento legal das pessoas."[144]

Seria difícil encontrar declarações semelhantes de sociólogos nos EUA ou na Europa. Nos países ocidentais, a desigualdade social é quase sempre vista como negativa e as propostas para combater a pobreza visam principalmente fechar a "lacuna entre ricos e pobres" por meio de medidas de redistribuição ainda mais abrangentes.

Somando-se aos aspectos positivos, a mobilidade social claramente funciona no Vietnã. Um estudo mostrou que, somente de 2016 a 2018, um terço da população experimentou mudanças de renda tão grandes que foi movida para uma classe social diferente: 12,6 por cento das famílias caíram durante esse período, mas muitas mais, 21,4 por cento, conseguiram subir na escada social.[145]

O contraste entre as descobertas dos estudiosos vietnamitas citados acima e os anticapitalistas do Ocidente não poderia ser maior. Günter Giesenfeld cita o sociólogo marxista belga (e padre católico) François Houtart, que dirigiu a seguinte crítica aos desenvolvimentos no Vietnã: "A polarização social está se intensificando. Está surgindo uma nova classe social que se beneficia da conversão da economia e pode se dar ao luxo de consumir". Ele os chama de "novos ricos" e os marca como gananciosos, "capitalistas vermelhos".[146] Ele lamenta que "não apenas a desintegração e o desaparecimento da rede de segurança social roubam indivíduos e famílias de qualquer segurança restante no planejamento de suas vidas, mas, além disso, o desencadeamento de mecanismos econômicos causa um aprofundamento das diferenças e um agravamento dos antagonismos". O sociólogo chega a uma conclusão negativa: "Já não existe mais um único projeto na sociedade capaz de estimular os ânimos, energizar as forças e dotar a vida social de significado coletivo. Sim, há muitas razões para isso, mas o que é certo é que as promessas do mercado desferem um golpe mortal na construção de uma sociedade baseada na solidariedade, dispersam energias e limitam horizontes."[147]

Essa crítica mostra que os intelectuais de esquerda e anticapitalistas no Ocidente desconfiam das reformas do Vietnã, mesmo que elas tenham tirado tantos milhões de pessoas da pobreza. No entanto, mesmo que os padrões de vida das pessoas comuns no Vietnã tenham melhorado significativamente, isso não tem importância para os intelectuais anticapitalistas, desde que signifique dizer adeus a suas noções utópicas de uma "sociedade de solidariedade" que daria às pessoas um "significado coletivo".

Resultados de uma pesquisa sobre as reformas Doi Moi

No Vietnã, contratei o instituto de pesquisas vietnamita Indochina Research para realizar entrevistas telefônicas com um total de 800 pessoas selecionadas representativamente de 19 de outubro a 7 de novembro de 2022. Em nossa pesquisa, queríamos saber, entre outras coisas: "Na sua opinião, qual o impacto que as reformas Doi Moi tiveram em sua situação financeira? Você diria que sua situação financeira foi muito, um pouco, pouco ou nada impactada pelas reformas Doi Moi?" Mais de dois terços dos vietnamitas (68 por cento) disseram que as reformas tiveram impacto em sua situação financeira e apenas 24 por cento disseram que não (Figura 3.1).

Entre os entrevistados com mais de 60 anos, ou seja, aqueles que podem julgar melhor o impacto das reformas — aqueles nascidos em 1961 tinham 25 anos quando as reformas Doi Moi começaram —, até três quartos (75 por cento) dizem que as reformas tiveram um impacto em suas vidas, e metade deles nessa faixa etária (49 por cento) dizem que sua situação financeira pessoal foi "muito" impactada. À medida que a idade de nossos entrevistados aumenta, o mesmo acontece com a intensidade de sua avaliação do impacto das reformas Doi Moi em sua própria situação financeira, como mostrado na Figura 3.2.

Mulheres no Vietnã desempenham um papel importante

Outro aspecto da desigualdade são os desequilíbrios entre os sexos. Em uma pesquisa representativa que realizei no Vietnã e em outros doze países (Ver Fig. 3.3), notei que em todos os países os homens eram mais propensos a dizer que era importante para eles se tornarem ricos que as mulheres. É apenas no Vietnã que significativamente mais mulheres do que homens querem enriquecer: 72 por cento dos homens e 80 por cento das mulheres no Vietnã disseram na pesquisa que era importante para eles se tornarem ricos.[148]

Em Hanói, falei com Dinh Tuan Minh, o representante de um

Figura 3.1: Vietnã: impacto das reformas Doi Moi na situação financeira dos próprios entrevistados.

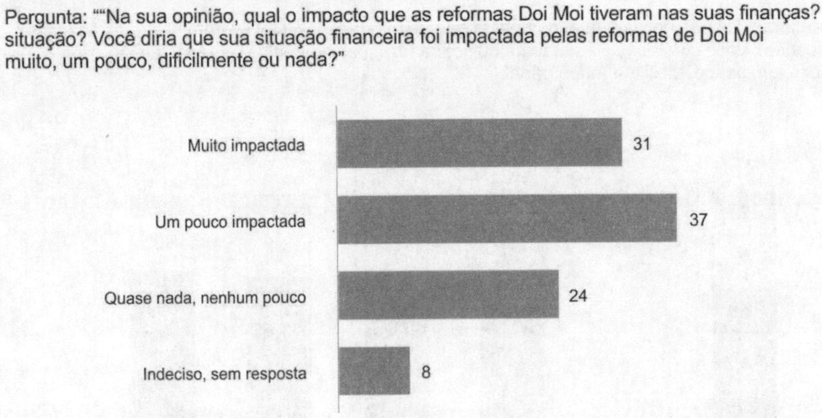

Fonte: Indochina Research.

think tank privado. Ele enfatizou a grande contribuição das mulheres para a economia do Vietnã. De acordo com uma pesquisa realizada por Grant Thornton em 2019, 36 por cento dos executivos no Vietnã são mulheres, em comparação com 19 por cento na Tailândia.[149] Em meu país de origem, a Alemanha, o número é de 29 por cento. Em um perfil do Vietnã, o *Neue Zürcher Zeitung*, o principal jornal de qualidade suíço, escreveu: "Ao contrário das mulheres em outros países do Sudeste Asiático, a porta para todas as profissões e níveis de gestão está aberta para as mulheres vietnamitas".[150]

Em Hanói, dei palestras em várias universidades, incluindo a renomada Universidade Nacional de Economia e a Universidade de Comércio Exterior. Na Universidade de Comércio Exterior, fui convidado para um workshop sobre a motivação para enriquecer. O tema do workshop: "Pessoas ricas, país rico". A Universidade de Comércio Exterior tem 20.000 alunos, dois terços dos quais são do sexo feminino. A universidade tem 850 professores e funcionários e, de acordo com a universidade, a proporção de mulheres é ainda maior.

Figura 3.2: Vietnã: Impacto das reformas Doi Moi nas situações financeiras dos próprios entrevistados.

Pergunta: "Na sua opinião, qual o impacto que as reformas Doi Moi tiveram nas suas finanças? situação? Você diria que sua situação financeira foi impactada pelas reformas de Doi Moi muito, um pouco, dificilmente ou nada?"

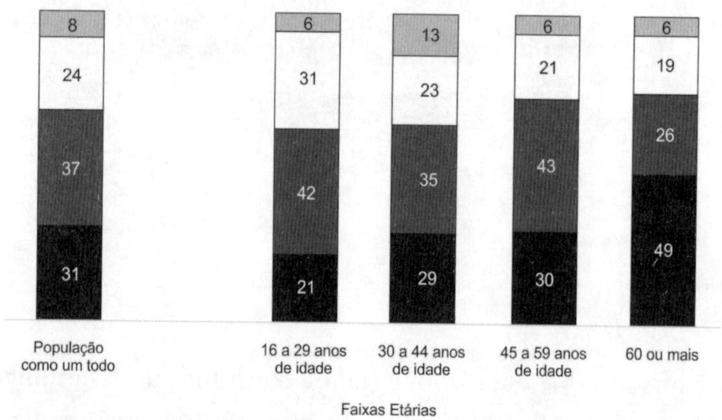

No Vietnã, tudo isso foi alcançado sem ideologia feminista. Falei com a empresária Nguyen Xuan em Hanói e ela disse o seguinte: "No Vietnã, é menos sobre exigir direitos para as mulheres e mais sobre fazer algo para ter sucesso como mulher. Não queremos depender dos homens, queremos depender de nós mesmas." Isso é algo que observei em visitas anteriores à China: os asiáticos, que são supostamente "coletivistas" de uma perspectiva europeia, são muito mais individualistas nesse sentido do que europeus e norte-americanos. Eles não acham que você deve esperar que o Estado faça algo por você, eles acreditam que você mesmo deve fazer.

A própria Xuan é um bom exemplo: ela começou sua primeira empresa, uma cadeia de restaurantes de sanduíches (semelhante ao Subway), quando tinha apenas 23 anos. Ela agora possui 12 restaurantes no Vietnã e 20 na capital sul-coreana, Seul. Quando sua cadeia de restaurantes estava bem estabelecida, ela começou uma cadeia de farmácias e, há três anos, uma editora de audiolivros, que já publicou 700 títulos.

Hoje, o Vietnã é o lar de sete bilionários. Esse círculo rico ainda é dominado por homens, mas há pelo menos uma mulher entre eles: Nguyen Thi Phuong-Thao (nos EUA, em comparação, há apenas uma mulher entre os 20 indivíduos mais ricos, Alice Walton, e ela é uma herdeira). Nguyen Thi Phuong-Thao nasceu em 1970 e está entre as 1.000 pessoas mais ricas do mundo, com uma fortuna de US$ 2,4 bilhões, de acordo com a *Forbes* (setembro de 2022). Ela ganhou seu primeiro milhão aos 21 anos como estudante em Moscou, vendendo aparelhos de fax. Em 2011, ela fundou a companhia aérea de baixo custo VietJet Air. Ela tinha uma grande afinidade por marketing desde o primeiro dia. Em 2012, sua companhia aérea chegou às manchetes com comerciais que mostravam comissárias de bordo de biquíni. As comissárias de bordo podiam escolher se preferiam voar em uniformes tradicionais ou biquínis, e a maioria optou pelos últimos. Nguyen Thi Phuong-Thao diz que não tem nenhum problema com as pessoas associando sua empresa a comissárias de biquíni: "Se isso faz as pessoas felizes, então estamos felizes".[151] Em resposta às alegações de que isso transforma as mulheres em símbolos sexuais, ela diz: "Se uma bela imagem ajudar nossos clientes a se sentirem felizes, sempre tentaremos o nosso melhor. Neste mundo, há muitos concursos de beleza onde as concorrentes usam biquínis (...) O biquíni mostra características bonitas. Nossa mensagem na VietJet é que fizemos isso para o benefício da beleza e da felicidade."[152] Em 2017, sua empresa com sede em Saigon abriu o capital e Thao tornou-se bilionária. Além disso, a empreendedora é ativa no setor bancário (HD Bank) e investiu em imóveis, possuindo hoje três resorts de praia.

O gerente de fundos de investimento Andy Ho, que investe em ações e compra participações diretas em empresas no Vietnã (capital privado), relata em seu livro de 2021 *Crossing the street. How to make a success of investing in Vietnam (Atravessando a rua: Como garantir o êxito ao investir no Vietnã)*: "Muitos dos principais negócios do Vietnã são liderados por mulheres. Embora eu não tenha feito um estudo formal de como o país se compara aos outros, eu diria que as mulheres lideram mais grandes empresas no Vietnã do que na maioria dos outros países."[153]

Ele cita vários exemplos de empresas grandes e muito bem-sucedidas no Vietnã cujas líderes são mulheres e relata experiências muito positivas com investimentos de capital privado em tais empresas: "Todas essas mulheres têm sido extremamente eficazes no levantamento de capital e no crescimento de seus negócios. Um tema comum é que, mesmo quando trazem investidores, elas continuam a ter participações significativas nas empresas que administram — seus interesses permanecem alinhados com os de outros acionistas. Acima de tudo, elas permaneceram focadas, mesmo depois que suas empresas cresceram e se tornaram bem-sucedidas."[154]

Por outro lado, no caso dos homens, Ho diz que é comum passarem tempo demais emjogos de apostas, jogando golfe ou tendo casos depois de se tornarem bem-sucedidos. Manter uma amante no Vietnã custa facilmente US$ 5.000 por mês, e os homens se distraem de suas atividades comerciais, diz Ho.[155] Embora eu seja um investidor de oportunidades iguais, admito ter um nível mais alto de confiança em empresas administradas por mulheres, pelo menos até que elas me deem razão para o contrário."[156]

Espaço para melhorias: os problemas das empresas estatais e da corrupção

Apesar dos incríveis sucessos, ainda há muito trabalho a ser feito no Vietnã. Um dos problemas é que ainda existem muitas empresas estatais e elas geralmente operam de maneira ineficiente. Em 2020, o Instituto do Banco Asiático de Desenvolvimento analisou os problemas relacionados às empresas estatais. Primeiro, alguns dados: "Vale a pena notar: embora o número de estatais represente apenas 0,4 por cento do número total de empresas, elas representam 28,8 por cento do capital de todo o país, contribuindo com 20 por cento do PIB."[157]

A maioria das empresas privadas no Vietnã é pequena — 97 por cento têm menos de dez funcionários, enquanto as empresas estatais tendem a ser muito grandes.[158] Embora as estatais recebam tratamento preferencial quando se trata de obter empréstimos e em muitos outros aspectos, os dados provam que elas operam de maneira menos eficiente e menos lucrativa do que as empresas privadas. Os autores da análise chamam a atenção para essa contradição: "as empresas estatais recebem muitos incentivos no acesso à terra, a crédito e a informações que não são elegíveis para empresas privadas, ou seja, tratamento de financiamento preferencial, garantias de empréstimo, contratos públicos, vantagens e melhor acesso a informações. Portanto, o mau desempenho em estatais nem sempre é racional e compreensível." No entanto, muitas empresas estatais vietnamitas estão ativas em setores lucrativos onde há muito dinheiro a ser ganho, como bancos e alimentos e bebidas.[159]

No entanto, a suposta contradição que os autores apontam é, em minha opinião, de modo nenhum uma incongruência: é precisamente *porque* as empresas estatais recebem subsídios mais altos, *porque* muitas vezes não estão expostas a uma concorrência acirrada e, acima de tudo, *porque* não simplesmente vão à falência quando operam de forma não econômica que têm um desempenho tão ruim. Isso é confirmado pelo seguinte número: "As empresas estatais incluem 17 por cento da dívida pendente na economia, mas são responsáveis por 60 por cento dos empréstimos improdutivos".[160] Ao mesmo tempo, o retorno sobre o capital das estatais é apenas metade do das empresas estrangeiras que investem no país.[161]

O governo vietnamita evita o termo "privatização" em relação às empresas estatais e prefere falar de "equitização" — e esse processo está vacilando. Entre 2003 e 2006, um total de 2.649 empresas estatais foram "equitizadas", mas desde então o número está na faixa baixa de três ou mesmo de dois dígitos a cada ano.[162] As privatizações incluíram uma série de grandes empresas estatais, como o Vietcombank, a grande empresa de bebidas Habeco e a fábrica de cerveja Sabeco. No entanto, o problema é que, na maioria dos casos, o Estado manteve participações majoritárias nessas empresas.[163] Estatísticas sobre a equitização de dez grandes empresas de 2005 a 2011 mostram que o Estado reteve mais de 90 por cento das ações de sete dessas dez empresas e só desistiu de mais de 50 por cento em uma (a empresa de construção Covesco).

Algumas empresas estatais que falharam nas suas áreas de negócios originais ou eram extremamente pouco lucrativas foram forçadas a mudar seus modelos de negócios para sobreviver. Elas se aproveitaram de sua propriedade de terras e acesso a empréstimos estatais baratos para ganhar uma posição no setor imobiliário ou hoteleiro, por exemplo.[164]

A privatização provavelmente está titubeando por várias razões: primeiro, muitas empresas estatais não operam com eficiência suficiente, então há pouco incentivo para investidores privados adquiri-las. Se o governo insiste em manter uma participação majoritária na empresa, os investidores suspeitam que os burocratas não renunciarão a seu controle tão cedo. Além disso, é simplesmente uma questão de motivos: os líderes de empresas estatais pertencem ao partido e têm pouco interesse em que suas empresas sejam privatizadas. O Estado ainda está ativo em setores econômicos onde é absolutamente implausível o motivo de isso acontecer, como na construção naval e na produção de tabaco.

Foram e ainda são comuns enormes conflitos de interesse em empresas estatais, como o investidor Andy Ho explica com um exemplo: "Um de meus primeiros investimentos no Vietnã foi em uma empresa de processamento de peixe que se havia equitizado recentemente, com o governo ainda sendo o acionista majoritário. Ao visitar a fábrica no Delta do Rio Mecom, ficou claro para nós que mais da metade dos recursos (peixe cru) veio das pisciculturas de propriedade das famílias dos executivos da empresa estatal. Sendo assim, o CEO sempre foi capaz de garantir uma margem bruta de 10 por cento! Obviamente, não tivemos confiança sobre a capacidade da empresa estatal de comprar recursos pelo menor preço possível, e eu pedi à minha equipe para sair completamente do negócio."[165]

Um problema com o processo de "equitização" envolve a avaliação dos ativos das empresas, "já que os ativos de muitas não tinham valor de mercado", como escreve a economista australiana Melanie Beresford. Outro problema, explica Beresford, é que os diretores de empresas estatais estão preocupados em perder o controle e os trabalhadores temem pelos seus empregos como resultado do processo de "equitização".[166] Assim, o processo permanece um pouco enganador e não está sendo implementado de maneira consistente.

Em novembro de 2018, um canal de comunicação controlado pelo governo informou que o primeiro-ministro Nguyen Xuan Phuc havia convocado uma conferência sobre privatização. Havia uma necessidade urgente de melhorias, porque o artigo afirmou sem rodeios: "O processo de privatização ainda não está indo como esperado e, portanto, precisa de medidas eficientes e oportunas".[167] Em sua análise, Melanie Beresford escreve: "Após o fim do planejamento central, o único elemento restante da definição anterior de socialismo no Vietnã foi a determinação do governo em manter a dominação empresarial estatal dos postos dominantes da economia".[168] Porém, na prática, o governo do Vietnã não fez muito para oferecer às empresas estatais um futuro promissor, e as empresas estatais "foram muito negligenciadas", observa Beresford. Mudando de rumo, o governo começou a direcionar seus investimentos para projetos de infraestrutura em vez de empresas estatais. "O investimento em empresas estatais diminuiu rapidamente para uma pequena fração do total, e dependia fortemente de crédito de curto prazo para capital de giro, em vez de investimento de longo prazo para mudanças estruturais e melhoria da eficiência."[169]

As empresas estatais viram-se em uma situação peculiar: "A disciplina de mercado estava em grande parte ausente, mas a disciplina do governo também não foi implementada (...) É claro, no entanto, que o governo persistiu em explorar vias de reforma que permitiriam que as empresas estatais desempenhassem um papel dominante em uma 'economia de mercado sob orientação estatal'."[170]

Beresford tem uma visão bastante crítica disso, porque argumenta que o Estado deve assumir um papel mais ativo na economia. Onde Beresford vê um ponto negativo, no entanto, eu vejo um positivo, ou seja, que o Estado começou a se concentrar mais em promover o investimento estrangeiro privado do que em transformar as empresas estatais em instrumentos de uma política industrial ativa: "A principal razão para a situação é", escreve Beresford, "que o foco da política e da estratégia era a reforma institucional (autonomia empresarial e regulamentação por leis) e não usar a política da indústria para promover o investimento nas áreas prioritárias de desenvolvimento do governo. É difícil evitar a conclusão, ao examinar a situação das empresas estatais, de que, diferentemente de usá-las como instrumentos de construção da nação, o Estado vietnamita permitiu que as prioridades do setor privado, especialmente os investidores estrangeiros, atuassem como os principais determinantes do processo."[171]

A corrupção é outro problema — além do número excessivo de empresas estatais ineficientes — com o qual o Vietnã lida atualmente. De acordo com o Índice de Percepção de Corrupção da Transparência Internacional, o Vietnã ficou em 87º lugar entre 180 países no ranking de 2021. O Índice usa uma escala que vai de 0 para uma economia totalmente livre de corrupção a 100 para uma economia marcada pelos mais altos níveis possíveis de corrupção. O Vietnã melhorou de 76 pontos em 2003 para 61 pontos em 2021.[172]

Durante meu tempo em Hanói, um empresário me disse: "As listas oficiais dos salários dos funcionários do partido e do Estado são publicadas nos jornais, e muitos só ganham US$ 500 ou US$ 1.000 por mês. No entanto, eles geralmente dirigem Mercedes caros e têm estilos de vida luxuosos. Claro, você se pergunta: de onde vem o dinheiro?"

Um relatório da Fundação Friedrich Naumann de Hanói de 2020

afirma que o Vietnã é bem conhecido por sua "cultura do envelope". Isso, diz o relatório, significa que os cidadãos pagam voluntária ou involuntariamente para receber coisas, do governo ou de outros funcionários, a que eles na verdade têm direito gratuitamente por lei como contribuintes. Nos cartórios, por exemplo, envelopes lacrados em dinheiro são entregues em troca de certidões de casamento. Ou os pacientes em hospitais do governo não pensam duas vezes antes de dar dinheiro para receber as injeções necessárias de enfermeiros ou para serem tratados mais rapidamente. Em uma pesquisa, 61 por cento dos cidadãos disseram ter pago subornos em troca de serviços no setor público.[173]

O governo frequentemente lança campanhas contra a corrupção. Por exemplo, câmeras de vídeo foram instaladas em muitos escritórios para filmar funcionários no trabalho para evitar que eles recebam "envelopes". A ideia do vídeo originou-se na província de Quang Ngai e foi logo adotada em outros lugares. Em uma província, os escritórios também foram tornados literalmente "transparentes", com janelas especialmente instaladas.

O presidente do Estado (outubro de 2018 – abril de 2021) e líder do partido do Vietnã, Nguyen Phu Trong, fez uma campanha contra a corrupção nos últimos anos. Até agora, 38 funcionários superiores e ministros foram julgados. Entre os acusados estavam 23 generais e um ex-membro do Politburo. Penas de prisão entre 5 e 30 anos foram proferidas por suborno, fraude e extorsão. Ninguém foi absolvido. Um ex-ministro que, de acordo com o tribunal, recebeu um suborno de US$ 3 milhões foi condenado à morte. Mas o presidente não foi apenas elogiado por sua dura campanha. Seus críticos alegam que ele está usando a batalha contra a corrupção como um disfarce para se livrar de seus oponentes políticos, incluindo aqueles leais a um ex-primeiro-ministro.[174]

Quanto maior a influência que um governo tiver sobre um país, mais generalizada será a corrupção. Não é segredo que os antigos países socialistas foram particularmente marcados pela corrupção. A visão de que a corrupção é particularmente predominante nos países capitalistas está errada. O oposto é verdade, como confirmado por uma comparação do Índice de Percepção de Corrupção da Transparência Internacional com o Índice de Liberdade Econômica. Os países com os níveis mais baixos de corrupção também têm os níveis mais altos de liberdade econômica. Os dez países com os níveis mais baixos de corrupção estão todos, sem exceção, nas categorias "livre" ou "majoritariamente livre" do Índice de Liberdade Econômica: Cingapura, Dinamarca, Finlândia, Nova Zelândia, Suíça e Holanda estão entre os dez países mais livres de corrupção do mundo — e estão todos entre os dez países mais livres economicamente!

Por outro lado, os países nas dez últimas posições do Índice de Percepção de Corrupção também são classificados como "reprimidos" no Índice de Liberdade Econômica. Os dois piores desempenhos no Índice de Liberdade Econômica, Venezuela e Coreia do Norte, também estão entre os piores desempenhos no Índice de Percepção de Corrupção. Quanto mais o Estado intervém na vida econômica, maiores são as oportunidades de subornar funcionários do governo. Qualquer um que queira limitar a influência antiética ou mesmo criminosa na ação política dos ricos deve, portanto, lutar por um governo menor, não maior.

Mesmo que o Vietnã tenha criado mais espaço para o mercado desde as reformas Doi Moi e o governo não seja mais tão onipotente na economia quanto era nos tempos socialistas, o partido ainda mantém muita influência. Isso, logicamente, dá origem à pergunta: até que ponto é realmente possível combater efetivamente a corrupção em um sistema de partido único sem uma imprensa livre?

Vietnã: reforma econômica, mas sistema de partido único

Em 1986, o ano em que as reformas Doi Moi foram lançadas no Vietnã, Mikhail Gorbachev também começou a implementar sua política de *perestroika* (do russo para reconstrução, transformação, reestruturação) na União Soviética. Ele desejava reformar e modernizar o sistema soviético. Nguyen Van Linh, eleito secretário geral do Partido Comunista do Vietnã no final de 1986, foi até chamado de "Gorbachev do Vietnã" nos primeiros anos após sua eleição.[175] Nguyen Van Linh disse que o Sexto Congresso do Partido, considerado o início das reformas Doi Moi, foi inspirado no 27º Congresso do Partido do CPSU.[176] Foi nesse congresso do partido que Gorbachev promoveu sua política de reforma *perestroika* e *glasnost* (do russo para abertura, transparência).

Em dezembro de 1988, um artigo foi publicado no jornal oficial do exército vietnamita, o *Quan Doi Nhan Dan*, que afirmava: "temos nosso esforço para renovar o sistema político declarado em documentos, resoluções e discursos, mas na realidade, o mesmo sistema antigo continua a existir com todas as suas características fundamentais intactas".[177] O artigo citou amplamente trechos dos discursos de Gorbachev e elogiou suas reformas como um modelo a partir do qual as reformas do Vietnã deveriam ser medidas.[178]

No entanto, a influência da política de *glasnost* e *perestroika* de Gorbachev não deve ser superestimada. Como um funcionário superior do Partido Comunista do Vietnã observou: "para os vietnamitas, o maior benefício da *perestroika* foi que eles não se sentiam mais vinculados às doutrinas da ideologia comunista (ou seja, soviética)". O Vietnã, ele disse, deveria decidir por si próprio como resolver seus problemas econômicos.[179] Além disso, os vietnamitas começaram a demonstrar maior interesse nas reformas iniciadas na China alguns anos antes por Deng Xiaoping. Por exemplo, em julho de 1986, Hanói solicitou se poderiam enviar uma delegação de 30 burocratas em uma viagem de pesquisa para estudar o impacto das reformas econômicas na China.[180]

Quando o Vietnã estava se preparava para lançar seu próprio programa de reformas, tanto as reformas chinesas sob Deng Xiaoping quanto as reformas de Gorbachev na União Soviética foram modelos discutidos.

"Até as dramáticas transformações do final de 1989 na União Soviética e na Europa Oriental, os líderes do Vietnã descreveram suas reformas como combinando o melhor das abordagens chinesa e soviética. Enquanto a China se concentrou em reformas econômicas e menosprezou reformas políticas, as reformas soviéticas não enfatizaram suficientemente a dimensão econômica. Os líderes de Hanói acreditavam ter um equilíbrio mais satisfatório entre política e economia."[181]

No entanto, a experiência chinesa não foi a única que serviu como ponto de orientação. O Vietnã do Sul, que tinha uma economia de mercado antes da reunificação que havia sobrevivido parcialmente à era comunista, também contribuiu. Os burocratas do partido entenderam que poderiam aprender com a experiência empreendedora do Vietnã do Sul.[182]

Na primeira fase das reformas Doi Moi, houve um esforço para introduzir reformas políticas ao longo das linhas daquelas da União Soviética de Gorbachev. O papel de liderança do Partido Comunista não foi questionado, mas o papel de outras instituições, especialmente da Assembleia Nacional, deveria ser fortalecido. No Sexto Congresso do Partido, em dezembro de 1986, o partido reconheceu suas próprias deficiências, como explica William S. Turley no livro *Reinventing Vietnamese socialism (Reinventando o socialismo viatnamita)*: "Fortalecer a eficácia da gestão pelo Estado significa, antes de tudo, ampliar o papel da Assembleia Nacional, do Conselho de Estado e do Conselho Popular em todos os níveis. Atualmente, os órgãos eleitos pelo povo em diferentes níveis ainda são escolhidos, eleitos e funcionam de maneira formal. Em muitos casos, os comitês do partido em vários âmbitos são os mais importantes, fazendo o trabalho dos órgãos estatais; em muitos lugares, a seleção de pessoas para órgãos eleitos é obrigatória. Muitos comitês populares não respeitam verdadeiramente os conselhos populares."[183]

Os líderes do partido reconheceram que deveria haver uma distinção mais forte entre o Estado e o partido em todos os níveis e que a participação das pessoas deveria ser impulsionada.[184] Sob o slogan "liderança pelo partido, domínio pelo povo e gestão pelo Estado", foram feitos movimentos para estabelecer uma distinção mais clara entre as funções do partido, do Estado e dos representantes eleitos. Isso também foi evidente nas "organizações de massa" do país, como por exemplo, nos sindicatos. No Sexto Congresso Sindical, em outubro de 1988, todos os delegados foram, pela primeira vez, eleitos por assembleias locais de membros. Nas eleições para o comitê executivo do sindicato, 70 por cento dos antigos membros perderam seus cargos e quatro dos cinco candidatos independentes venceram. Durante a reunião, houve uma discussão aberta e muito crítica sobre os problemas.[185]

As regras também mudaram para as eleições para a Assembleia Nacional em abril de 1987. Na eleição anterior, em 1981, apenas 614 candidatos candidataram-se a 496 assentos. Dessa vez, havia 829 candidatos. É verdade que a Frente Patriótica do Vietnã desempenhou um papel importante na nomeação de candidatos nessas eleições, "mas os indivíduos foram autorizados a se inscrever e concorrer como independentes".[186]

No entanto, o colapso do domínio de um partido único nos países do Leste Europeu fez com que os líderes no Vietnã parassem para pensar. Na Polônia, por exemplo, a ditadura comunista chegou ao fim com as primeiras eleições livres em junho de 1989, das quais o Solidariedade emergiu como a principal força. Isso lembrou os comunistas no Vietnã dos riscos muito reais quando as reformas econômicas passaram para o campo político. "Em 1989, toda a Europa Oriental já havia se tornado mais um pesadelo para a elite vietnamita do que algo a se imitar."[187]

Ao mesmo tempo, havia outro evento na vizinha China: na Praça Tiananmen, em Pequim, um movimento liderado por estudantes protestou pacificamente por semanas na primavera de 1989, pedindo amplas reformas políticas e democracia. Na noite de 4 de junho, o governo chinês trouxe tanques e reprimiu brutalmente o movimento democrático ali e por toda a cidade.

Havia duas interpretações dentro do partido comunista vietnamita enquanto analisava o que precisamente havia levado ao colapso do socialismo na Europa Oriental. Os reformistas no partido viam acima de tudo os erros e a má gestão dos comunistas, bem como sua falha em realizar reformas reais, como a causa. Os tradicionalistas interpretaram o colapso como resultado da ação de potências estrangeiras e de "sabotagem imperialista".[188]

O secretário-geral Nguyen Van Linh conseguiu combinar as duas interpretações em um discurso em fevereiro de 1990. Por um lado, ele criticou "erros no desenvolvimento econômico, lenta melhoria dos procedimentos de gestão socioeconômica, despotismo, falta de democracia"; por outro lado, também lamentou "violações contra os princípios marxistas-leninistas e as atividades de sabotagem das forças imperialistas" como causa das crises nos antigos países socialistas.[189]

No Oitavo Plenário do Comitê Central em março de 1990, Linh descartou categoricamente uma "liberalização burguesa" ou "democracia multipartidária" para o Vietnã, enfatizando acima de tudo a necessidade de estabilidade política e a primazia do partido. Ao mesmo tempo, o colapso dos sistemas socialistas na Europa Oriental deixou claro para ele que não havia alternativa para a reforma econômica. As únicas opções do ponto de vista de Nguyen Van Linh eram simplesmente "renovar ou morrer".[190]

O princípio orientador no Vietnã a partir de então era "a renovação econômica é a tarefa-chave", como foi articulado por Do Muoi, que foi eleito como sucessor de Linh no Sétimo Congresso do Partido.[191] A atenuação da liberdade de imprensa e outras reformas políticas que haviam sido implementadas nos primeiros dias da Doi Moi foram revertidas e ficou estabelecido, por exemplo, que os jornais só poderiam ser estatais.[192]

O foco em reformas econômicas e não em mudanças políticas era, claro, acima de tudo uma expressão do desejo de autopreservação do partido — ele não queria renunciar a seu poder. Além disso, havia uma razão que raramente era mencionada explicitamente: reformas econômicas frequentemente levam a uma deterioração temporária. Em muitos casos, isso dura apenas um curto período, como dois anos, no caso na Polônia, mas às vezes essa fase pode durar mais. Sob as condições de um sistema multipartidário e uma imprensa livre, populistas e a mídia aproveitam esses problemas iniciais para atacar as próprias reformas. Essa foi a amarga lição que o reformador Leszek Balcerowicz foi obrigado a aprender na Polônia (mais informações sobre isso no próximo capítulo). No melhor dos casos, tais ataques levam a um enfraquecimento das reformas, e, no pior, elas são abandonadas. "A visão predominante (e oficial), que tem raízes confucionistas e leninistas, sustenta que a participação espontânea e a competição multipartidária desencadeariam conflitos sociais que interromperiam a produção, o transporte, os mercados e os investimentos estrangeiros, frustrando a esperança de desenvolvimento. Essa visão encontrou sua expressão mais veemente em 1989, quando os líderes partidários concluíram que as reformas de liberalização em outros países socialistas haviam gerado demandas que os regimes não poderiam satisfazer."[193]

Pragmatismo e foco no presente são as razões para o sucesso do Vietnã

Se você perguntar sobre as razões subjacentes para o sucesso do Vietnã, elas são, acima de tudo, o pragmatismo e o foco no presente. Esse pragmatismo tem suas raízes ideológicas no confucionismo. O pragmatismo não está apenas evidente nas reformas econômicas do país, mas também na maneira como o país lida com a história e sua relação com os Estados Unidos. Como me disse o empreendedor Xuan Ngyuen: "Nasci em 1987, quando a guerra já havia terminado há doze anos. Meus pais e avós me contaram o quão terrível a guerra foi, mas nunca falaram mal dos norte-americanos. Pelo contrário, eles me disseram: 'Você precisa aprender inglês, vestir-se como os norte-americanos, comer o que os norte-americanos comem e, acima de tudo, aprender a pensar como os norte-americanos pensam. Então, você terá sucesso'."

Em uma pesquisa conduzida pelo Centro de Pesquisas PEW em 2014, 76 por cento dos entrevistados vietnamitas afirmaram ter uma visão positiva dos Estados Unidos. Entre os vietnamitas com melhor educação, o índice chegou a 89 por cento, e, entre os entrevistados com idades entre 18 e 29 anos, cerca de 89 por cento tinham uma visão positiva dos Estados Unidos. Mesmo entre aqueles com mais de 50 anos, que haviam vivenciado a guerra, mais de 60 por cento tinham uma visão positiva dos Estados Unidos.[194]

Sempre admiro pessoas que conseguem focar mais no futuro que no passado. Essas pessoas costumam ter muito mais sucesso na vida em comparação àquelas que passam a maior parte de seu tempo preocupando-se com o passado — e isso é verdade não apenas para os indivíduos, mas também para as nações. Muitos países africanos reclamam, atualmente, das consequências do colonialismo e usam isso como explicação para todos os seus problemas atuais. Os vietnamitas poderiam fazer o mesmo, mas não o fazem — eles olham para o futuro.

Claro, isso não significa que eles ignoram a história. Visitei um impressionante memorial em Hanói, uma antiga prisão inicialmente usada pelos colonizadores franceses para encarcerar prisioneiros vietnamitas e depois pelos norte-vietnamitas para deter soldados norte-americanos. Hoje, a Prisão Hoa Lo é um museu. Na época, prisioneiros de guerra norte-americanos ironicamente se referiam à prisão como o "Hanoi Hilton", e um filme sobre as experiências dos prisioneiros de guerra norte-americanos foi feito com esse nome em 1987. Entre os detentos da prisão esteve o futuro candidato presidencial John McCain. Atualmente, a exposição exibe fotos de seu resgate de um lago perto de Hanói em 1967, depois que seu avião de combate foi abatido. Também documenta sua visita ao museu da prisão em 2000.

Porém, até mesmo a história da prisão confirma que, se ainda houvesse dúvida, o presente e o futuro são mais importantes para os vietnamitas do que o passado, pois, nesse meio tempo, grandes partes do complexo Hoa Lo deram lugar a um gigantesco shopping center, as Torres Hanói. Ironicamente, nos anos 1990, o grupo hoteleiro norte-americano Hilton explorou a possibilidade de comprar o terreno vago criado pela demolição parcial do complexo original de Hoa Lo para construir o primeiro hotel Hilton no Vietnã. "Essa empreitada foi criticada pela imprensa norte-americana como extremamente macabra, devido à sua conexão significativa com a história americano-vietnamita. Então, em 1999, um hotel do grupo Hilton, o Hilton Hanoi Opera Hotel, de fato abriu na capital vietnamita".[195]

O pesquisador japonês Vu Le Thao Chi passou 15 anos estudando as implicações para a saúde do uso do desfolhante Agente Laranja, que causou danos genéticos em centenas de milhares de crianças no Vietnã. Eles acompanharam 80 famílias cujos filhos portadores de deficiência sofreram de condições causadas pelo Agente Laranja. Os pesquisadores ficaram atônitos ao perceber "que esses pais raramente relacionam o infortúnio de seus filhos à principal causa, ou seja, o Agente Laranja e a guerra que trouxe a substância para o quintal deles. A guerra parece ter se dissipado no passado distante e, com ela, o vínculo entre a causa do infortúnio de seus filhos e a guerra (...) Nenhuma das famílias, nem mesmo a equipe da Clínica Comunal [onde muitas crianças deficientes foram abrigadas], trouxe as operações à nossa atenção, nem mesmo casualmente. Para eles, o Agente Laranja, assim como a própria guerra, está muito distante de suas vidas. Qualquer coisa perturbadora precisa ser ignorada ou, se não puder ser ignorada, ser colocada em narrativas reconfortantes que possam minimizá-la."[196]

Isso não significa que o Vietnã ignore seu passado. Existem inúmeros memoriais que recordam as guerras contra a França e os EUA, e é claro que muitos livros e filmes no Vietnã fazem o mesmo.[197] Para o Partido Comunista, a guerra desempenhou um papel-chave, pois concedeu ao partido a legitimidade necessária para governar o país. Afinal, o partido liderou a guerra de libertação contra os franceses e norte-americanos. No entanto, o partido sabe que esses méritos passados não são uma base para a lealdade do povo de hoje, que valoriza acima de tudo o crescimento econômico e a vitória sobre a pobreza no Vietnã.

Em seu livro sobre a cultura comemorativa no Vietnã, Andreas Margara enfatiza que a memória da guerra desempenha um papel "apenas subordinado" entre a geração mais jovem. Os jovens querem "consumir o futuro", seu olhar está voltado para um amanhã econômico promissor e não para um passado marcado pela privação. "*Song voi* (viver agora) é o lema *carpe diem* da juventude vietnamita. Eles agora consideram os norte-americanos amigos. Não é de surpreender: os modelos de hedonismo que retornam às cidades vêm todos do Ocidente e se chamam Bill Gates e Steve Jobs. Como prova visível de seu sucesso econômico, os novos ricos exibem abertamente bens de luxo, como *smartphones* e veículos."[198]

A mudança do Vietnã não se deve apenas a reformas estruturais, mas principalmente porque as atitudes — a mentalidade nacional, se preferir — mudaram, permitindo que as tradições positivas do confucionismo fossem combinadas com uma mentalidade capitalista. "Liberdade para escolher": estas são as palavras que Milton Friedman usou para descrever a essência do capitalismo. Em seu livro *A geração ponte do Vietnã*, Nancy Napier e Dau Thuy Ha descrevem como a antiga receita de "Sopa Sem Escolha" mudou para a nova receita de "Sopa de Escolha" no Vietnã:

1. Comece com três colheres de chá da sociedade confucionista, incluindo regras sobre as crianças obedecerem às instruções de seus pais sobre tudo, desde educação até família, trabalho e casamento.
2. Adicione três colheres de chá de princípios de economia planificada, incluindo regras do governo, supervisão e direção sobre a capacidade de produção agrícola, de máquinas e educacional.
3. Coloque uma colher de chá de mentalidade de jovens que querem orgulhar suas famílias e país e obedecer a ambos.
4. Misture bem por 50 anos.

5. Resultado: Jovens que seguem regras e não percebem que não têm escolha.

Em comparação, a nova receita é:

1. Comece com cinco colheres de chá da sociedade confucionista e regras sobre as crianças seguirem as instruções de seus pais.
2. Adicione uma colher de chá de internet e exposição a países de fora do Bloco Soviético.
3. Dilua o caldo de economia planificada com 2,5 colheres de chá de princípios econômicos orientados para o mercado e remova metade das regras sobre capacidade de produção e como ganhar dinheiro.
4. Misture bem por dez anos.
5. Resultado: Jovens que percebem que têm escolhas, mas podem não saber como fazer boas escolhas. Ferva por mais dez anos. Resultado: Os filhos de pessoas que fizeram a transição de 'sem escolha' para 'escolha' agora tomam suas próprias decisões com força total.[199]

O que as pessoas no Vietnã pensam dos ricos

Pessoas ricas desfrutam de uma imagem muito positiva no Vietnã hoje. Em setembro de 2022, fui convidado para ir a Hanói pela Universidade de Comércio Exterior, que estava estudando minha pesquisa sobre atitudes em relação aos ricos. O tema de uma das oficinas da universidade foi a imagem de pessoas ricas no Vietnã. No *workshop*, apresentei os resultados de uma pesquisa que solicitei ao instituto de pesquisa Ipsos Mori sobre riqueza e a imagem de pessoas ricas.

Os resultados apareceram no livro *The rich in public opinion (Os ricos na opinião pública)*, que foi publicado em vários países e idiomas, incluindo Estados Unidos, Itália, Espanha, Suécia — e Vietnã. O projeto começou em 2018 com pesquisas na França, na Alemanha, no Reino Unido e nos EUA, seguidas pela Espanha, Itália, Suécia, China, Coreia do Sul, Chile, Polônia e Vietnã nos anos seguintes. Um resultado particularmente interessante da pesquisa no Vietnã foi que a porcentagem de pessoas que dizem que se tornar rico é importante para elas foi muito alta, algo que não aconteceu em nenhum outro país (Figura 3).

No total, os entrevistados vietnamitas receberam 17 declarações positivas e negativas sobre pessoas ricas. A concordância com as declarações positivas sobre pessoas ricas claramente dominou (Figura 4).

Os vietnamitas pensam que os ricos se tornam ricos principalmente porque estão dispostos a correr mais riscos (62 por cento), porque têm habilidades e ideias especiais (58 por cento) e porque são particularmente diligentes (57 por cento). Ao mesmo tempo, 60 por cento consideram as pessoas ricas que atingiram tal status por conta própria como modelos a seguir (Figura 3.5).

Declarações negativas sobre os ricos receberam muito menos apoio entre os vietnamitas. A maioria das respostas negativas obteve a aprovação de praticamente um quinto dos entrevistados, de modo que se pode concluir que cerca de um quinto dos vietnamitas têm uma atitude negativa em relação aos ricos (Figura 6).

A Ipsos Mori também perguntou quais traços de personalidade os vietnamitas achavam que eram particularmente comuns entre os ricos (Figura 7).

Em nenhum dos outros 13 países onde conduzimos a pesquisa nesse formato, traços de personalidade positivos foram selecionados com tanta frequência (em média 54 por cento) e os negativos tão raramente (em média 16 por cento). Conclui-se que o coeficiente de traços de personalidade (CTP) é mais baixo no Vietnã do que em qualquer outro lugar (quanto menor o coeficiente, mais frequentemente os traços de personalidade positivos são atribuídos aos ricos — veja a Figura 3.8).

O que as pessoas no Vietnã pensam sobre impostos para os ricos? A maioria dos entrevistados — em todos os países — concorda que os ricos deveriam pagar impostos mais altos do que aqueles com rendas

Figura 3.3 : Importância de ser rico.

Pergunta: "Para algumas pessoas, é importante ser rico.
Quão importante, se é que é, para você pessoalmente ser rico?"
Resposta: "Muito importante" / "Bastante importante"

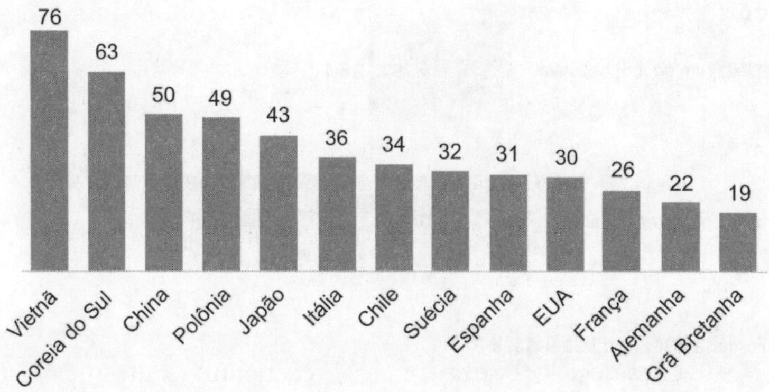

Fontes: Pesquisas do Instituto Allensbach 11085 e 8271, pesquisas Ipsos Mori J-18-031911-01-02, J-19-01009-29, J-19-01009-47, J-20-091774-05, J-21-041026-01, 22-087515-44, 22-055857-01 e 22-

mais baixas. Mas quão altos deveriam ser os impostos para os ricos? Demos duas alternativas para os entrevistados escolherem:

A. "Os impostos para os ricos devem ser altos, mas não excessivamente altos, porque eles geralmente trabalharam duro para ganhar sua riqueza, e o Estado não deve retirar muito deles."

B. "Os ricos não só devem pagar impostos altos, mas também deveriam pagar impostos muito altos. Dessa forma, o Estado pode garantir que a diferença entre ricos e pobres não se torne muito grande aqui em nosso país."

As respostas a essas duas afirmações no Vietnã são surpreendentemente claras: 63 por cento dizem que os impostos sobre os ricos não devem ser excessivamente altos e apenas 21 por cento defendem impostos muito altos para os ricos. Na maioria dos outros países (com exceção de Polônia e Suécia), os entrevistados veem as coisas de maneira diferente

Figura 3.4: Atitudes em relação aos ricos.

Pergunta: "Aqui está uma lista de coisas que as pessoas disseram sobre os ricos. Quais, se houver alguma, das declarações sobre o lista com a qual você concorda? Por favor, pense nas pessoas com bens no valor de pelo menos 10 mil milhões de dólares, sem incluir os casa, eles moram."200

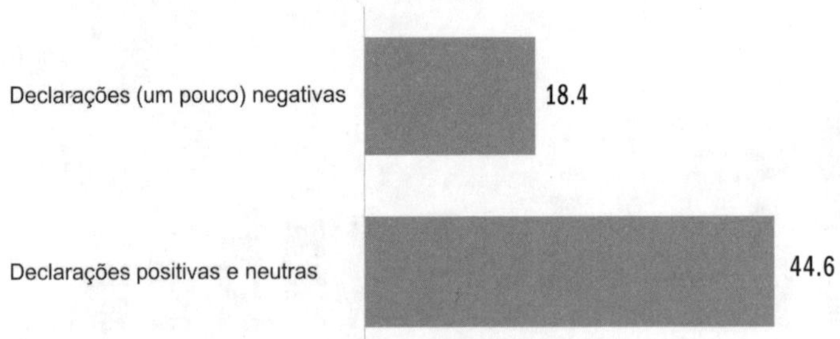

Fonte: Pesquisa Ipsos Mori J-21-041026-01

— as maiorias nesses países são a favor de impostos extremamente altos para os ricos. Em nenhum lugar a oposição a altos impostos para os ricos foi tão forte quanto no Vietnã, seguido pela Polônia (Figura 3.9).

A pesquisa também fez várias perguntas destinadas a medir a extensão da inveja social contra os ricos em cada país (para a metodologia, consulte as páginas 160-162 do meu livro *Os ricos na opinião pública*. No Vietnã, o coeficiente de inveja social foi baixo, em 0,43, aproximadamente no mesmo nível que nos EUA. Ao combinar o Coeficiente de Inveja Social (ponderado triplo) e o Coeficiente de Traços de Personalidade (ponderado simples), chegamos ao Índice de Sentimento em Relação aos Ricos (ISR), que nos permite fazer uma comparação geral de como as pessoas em um determinado país se sentem em relação aos ricos. O resultado: somente na Polônia as atitudes em relação aos ricos são ligeiramente mais positivas do que no Vietnã, enquanto as atitudes no Japão estão no mesmo nível positivo (Figura 10).

O que as pessoas no Vietnã pensam do capitalismo

De junho de 2021 a novembro de 2022, a Ipsos Mori conduziu

Figura 3.5: Atitudes em relação aos ricos - Declarações positivas e neutras.

Pergunta: "Aqui está uma lista de coisas que as pessoas disseram sobre os ricos. Quais, se houver alguma, das declarações sobre o lista com a qual você concorda? Por favor, pense nas pessoas com bens no valor de pelo menos 10 mil milhões de dólares, sem incluir os casa onde moram."

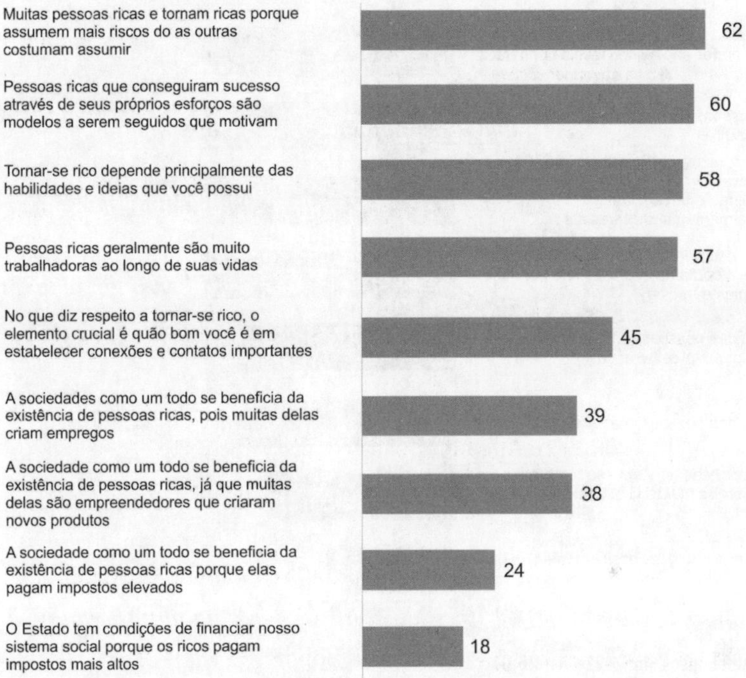

Fonte: Pesquisa Ipsos Mori J-21-041026-01

uma pesquisa em meu nome em 33 países para descobrir o que as pessoas em diferentes países pensam sobre o capitalismo e a economia de mercado. No Vietnã, o instituto de pesquisa de opinião pública Indochina Research conduziu uma pesquisa telefônica representativa com 800 pessoas entre 19 de outubro e 7 de novembro de 2022.

Essa pesquisa difere de muitas outras pesquisas sobre o capitalismo não apenas em sua profundidade (ou seja, no nível de detalhe das perguntas feitas), mas também em um método específico: a hipótese antes do início da pesquisa era de que algumas pessoas são repelidas

Figura 3.6: Atitudes em relação aos ricos - declarações (um pouco) negativas.

Pergunta: "Aqui está uma lista de coisas que as pessoas disseram sobre os ricos. Quais, se houver alguma, das declarações sobre o lista com a qual você concorda? Por favor, pense nas pessoas com bens no valor de pelo menos 10 mil milhões de dólares, sem incluir os casa onde moram."

Fonte: Pesquisa Ipsos Mori J-21-041026-01

pela palavra "capitalismo" em particular, mesmo que suas opiniões reais as coloquem mais no campo pró-capitalista. Pode haver várias razões para isso: algumas pessoas têm apenas associações vagas e pouco claras com o "capitalismo", outras conectam o termo a todos os males deste mundo. Assim, um conjunto de perguntas (sobre liberdade econômica) consistente e deliberadamente evitou a palavra "capitalismo". Os entrevistados foram apresentados a um total de seis afirmações, das quais três favoreciam a liberdade econômica e uma economia de mercado e três defendiam um papel forte para o Estado. O conjunto de perguntas sobre liberdade econômica incluía, por exemplo, a afirmação: "Precisamos de uma intervenção estatal muito maior na economia, já que o mercado falha repetidamente". Outra, em contraste, afirmava: "Sou a favor de um sistema econômico no qual o Estado defina as regras, mas idealmente não interfira de outra forma". Para cada país, calculamos os níveis médios de apoio aos itens "pró-liberdade econômica" e "pró-Estado" e usamos esses dados para calcular como as pessoas em qualquer país específico se sentem em relação à liberdade econômica.

No Vietnã, uma análise das respostas às três afirmações pró-Estado e às três afirmações pró-mercado revela que as afirmações a favor de um papel mais forte para o governo contam com uma aprovação de 79 por cento, em comparação com uma aprovação de 61 por cento para as afirmações pró-mercado em favor de uma maior liberdade de mercado. Dividindo a média das afirmações positivas pela média das afirmações negativas, obtém-se um coeficiente de 0,78. Voltaremos a

Figura 3.7: traços de personalidades atribuídos aos ricos.

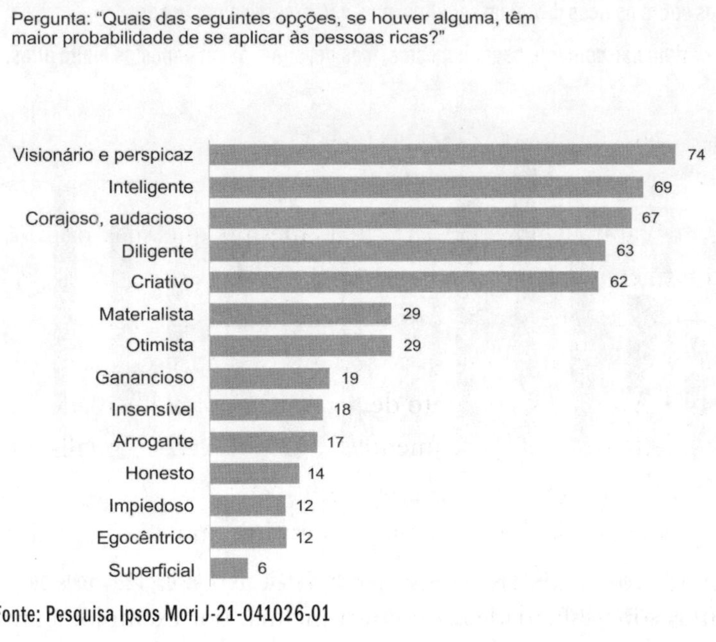

Fonte: Pesquisa Ipsos Mori J-21-041026-01

Figura 3.8: Coeficiente de traços de personalidade (CTP) em 13 países.

Nota: Quanto menor o coeficiente, mais positivos são os traços de personalidade atribuídos aos ricos

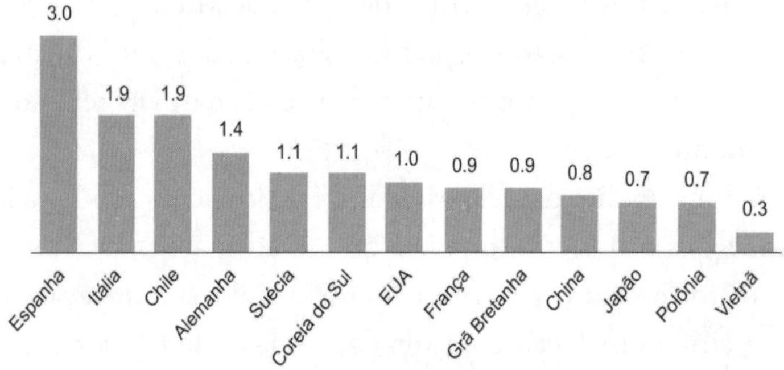

Fontes: Pesquisas Allensbach Institute 11085 e 8271, Pesquisas Ipsos Mori J18-031911-01-02, J-19-01009-29, J-19-01009-47 J-20-091774-05 e 22-055857-01.

Figura 3.9: Altos impostos sobre os ricos? Opiniões populares em 13 países.

Pergunta: No geral, com qual das seguintes afirmações você concorda MAIS?

1. Os impostos sobre os ricos deveriam ser altos, mas não excessivamente altos.
2. Os ricos deveriam não somente pagar impostos, mas deveriam pagar impostos muito altos.

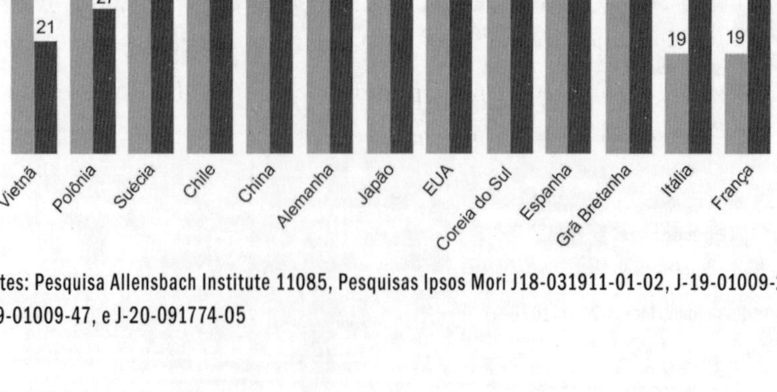

Fontes: Pesquisa Allensbach Institute 11085, Pesquisas Ipsos Mori J18-031911-01-02, J-19-01009-29, J-19-01009-47, e J-20-091774-05

Figura 3.10: Índice de sentimento em relação aos ricos (ISR) em 13 países. (Quanto menor o número, mais positiva a atitude em relação aos ricos.)

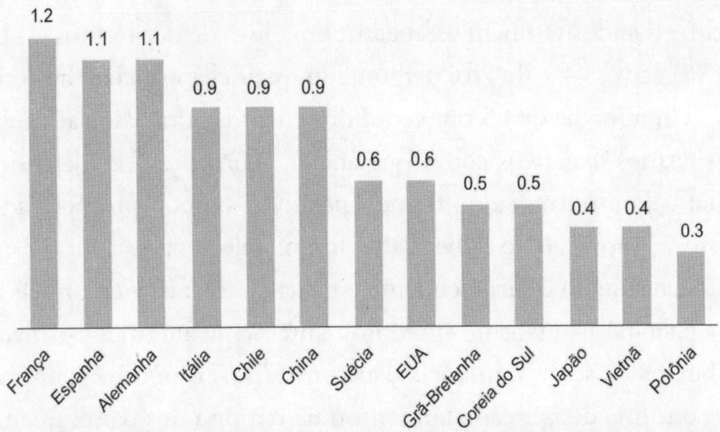

Fontes: Pesquisa Allensbach Institute 11085, Pesquisas Ipsos Mori J18-031911-01-02, J-19-01009-29, J-19-01009-47, e J-20-091774-05.

esse coeficiente com frequência nas próximas páginas: um coeficiente maior do que 1,0 significa que atitudes pró-liberdade econômica predominam; um coeficiente menor do que 1,0 significa que opiniões antiliberdade econômica estão em ascensão.

Em contraste, o termo "capitalismo" foi usado nos outros dois conjuntos de perguntas. Combinando os dados dos últimos dois conjuntos de perguntas, somos capazes de determinar o que as pessoas pensam sobre o capitalismo quando a palavra real "capitalismo" é usada. É interessante comparar isso com o primeiro conjunto de perguntas, em que as respostas revelam como as pessoas se sentem em relação ao capitalismo quando a palavra não é mencionada. Ao comparar as respostas nos três conjuntos de perguntas, podemos ver exatamente qual papel a palavra "capitalismo" desempenha. No Vietnã, o apoio ao capitalismo na verdade *diminui* em 41 por cento quando o sistema econômico capitalista é descrito sem usar a palavra "capitalismo". Em quase todos os outros países, a aprovação ao capitalismo *aumenta* — em alguns casos, substancialmente — quando o capitalismo é descrito sem mencionar a palavra propriamente dita. No Vietnã, conforme nossos dados da pesquisa confirmam, a palavra "capitalismo" não tem uma conotação negativa, mas está carregada de conotações positivas.

Os entrevistados também receberam uma lista de dez termos — positivos e negativos — e lhes foi perguntado quais eles associam ao "capitalismo". Uma média de 65 por cento dos entrevistados associa "capitalismo" a termos negativos como "ganância", "corrupção" e "destruição ambiental". Por outro lado, termos positivos como "prosperidade", "progresso", "inovação" e "liberdade" foram selecionados por 77 por cento. Esse resultado é surpreendente em sua clareza: os vietnamitas associam a palavra "capitalismo" predominantemente a termos positivos.

Em outros países, a tendência é encontrarmos o oposto: a aprovação da economia de mercado aumentou na maioria dos países quando a palavra "capitalismo" não era usada. No Vietnã, em contraste, as pessoas tendem a associar o "capitalismo" a características positivas, como "progresso" (81 por cento), "inovação" (80 por cento), "uma série de bens" (77 por cento), "prosperidade" (74 por cento) e "liberdade" (71 por cento). Termos negativos como "ganância" e "corrupção" (64 por cento cada) ou "frieza" (55 por cento) são selecionados com um pouco menos de frequência. No entanto, dois termos negativos — "orientado para o desempenho, pressão constante para conquistar" (72 por cento) e "degradação ambiental" (70 por cento) — são selecionados com mais frequência, conforme descrito na Figura 3.11.

Os entrevistados foram apresentados a um total de 18 afirmações sobre o capitalismo, sendo 10 negativas e 8 positivas. Esse conjunto de perguntas confirma o que já observamos no teste de associação — os vietnamitas associam o capitalismo principalmente a coisas positivas. Na verdade, esse resultado é especialmente claro para esse conjunto de perguntas. Dos 33 países pesquisados até o momento, o Vietnã é o único em que as cinco afirmações que recebem os níveis mais altos de concordância são todas pró-capitalismo.

No Vietnã, a afirmação que atrai mais concordância (78 por cento) é: "O capitalismo significa liberdade econômica". Apenas no Japão e na Coreia do Sul essa afirmação também ficou em primeiro lugar — e essa afirmação havia entrado para as cinco afirmações mais apoiadas somente em um total de 5 de 33 países até então.

O segundo nível mais alto de concordância, 74 por cento, é para a afirmação: "O capitalismo melhorou as condições para pessoas comuns em muitos países". Essa afirmação classificou-se entre as cinco principais em apenas um outro dos 33 países onde conduzimos a pesquisa (Nigéria). Na maioria dos países, significativamente mais pessoas concordaram com a afirmação negativa de que "O capitalismo é responsável pela fome e pela pobreza". Na Alemanha, por exemplo, apenas 15 por cento disseram que "O capitalismo melhorou as condições para pessoas comuns em muitos países", enquanto 45 por cento disseram que "O capitalismo é responsável pela fome e pela pobreza". No Vietnã, a situação se inverte: a afirmação negativa que alega que "O capitalismo é responsável pela fome e pela pobreza" recebeu significativamente menos apoio (53 por cento) do que a afirmação positiva de que "O capitalismo melhorou as condições para pessoas comuns em muitos países" (74 por cento).

A afirmação de que "O capitalismo incentiva as pessoas a darem o seu melhor", que foi a terceira afirmação mais frequentemente selecionada no Vietnã, também recebeu um apoio muito forte (71 por cento). Essa afirmação ficou entre as cinco principais em apenas três dos 33 países pesquisados.

Em quinto lugar, no Vietnã, está a afirmação: "O capitalismo garante a prosperidade" (64 por cento). Novamente, há apenas um outro dos 33 países em que essa afirmação também está entre as cinco principais.

Em sexto lugar, no Vietnã, temos a declaração: "O capitalismo pode não ser o ideal, mas ainda é melhor do que todos os outros sistemas" (59 por cento).

Por outro lado, a opinião crítica de que "O capitalismo incentiva as pessoas a comprarem produtos de que não precisam" ficou entre as

Figura 3.11: Vietnã: associações com "capitalismo".

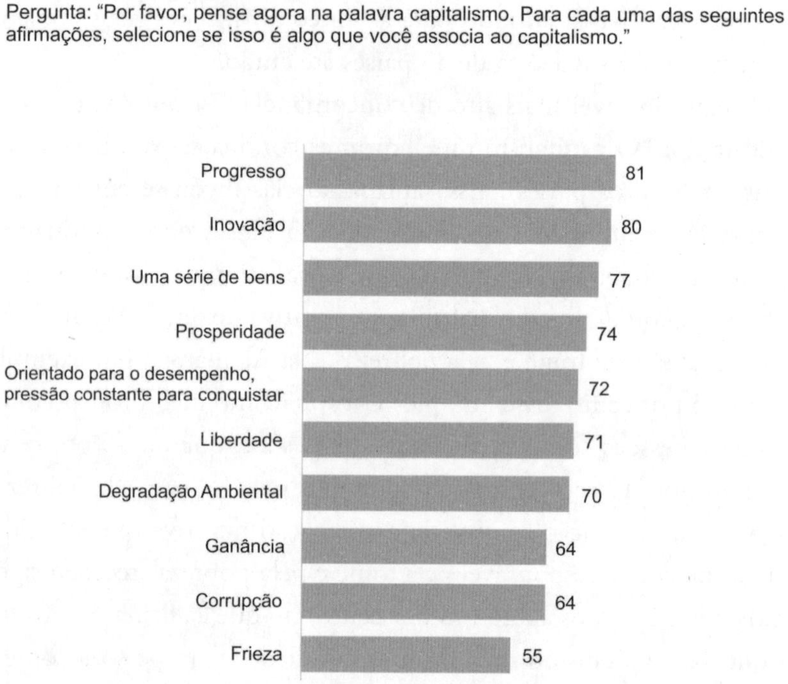

Fonte: Indochina Research.

cinco mais apoiadas em 11 dos 32 países. No Vietnã, em contraste, essa afirmação atraiu menos apoio do que qualquer outra das 18 afirmações (23 por cento), como mostrado na Figura 3.12.

A concordância média com as declarações pró e anticapitalistas foi calculada para todos os três conjuntos de perguntas e um coeficiente foi calculado dividindo as duas médias. Isso nos permite resumir o que as pessoas em um país pensam do capitalismo em um único dígito. Se combinarmos as respostas a todos os 34 itens da pesquisa, veremos que em apenas seis dos 33 países o capitalismo é visto de maneira mais positiva do que no Vietnã, enquanto em 26 países ele tem uma imagem mais negativa (Figura 3.13).

Também queríamos saber quais sistemas econômicos em todo o

mundo nossos entrevistados vietnamitas mais admiram. Então, perguntamos se eles têm uma visão positiva ou negativa dos sistemas econômicos nos seguintes países: China, Coreia do Sul, Coreia do Norte, Japão, Taiwan, França, Cingapura, Estados Unidos e Rússia.

Os vencedores são todos os países capitalistas: Japão, com um índice de aprovação de 82 por cento; Coreia do Sul, com 79 por cento, e Cingapura, com 78 por cento. Os Estados Unidos ganham 71 por cento de aprovação, enquanto a Rússia recebe um índice de aprovação

Figura 3.12: 18 declarações sobre o capitalismo.

Fonte: Indochina Research.

Figura 3.13: Coeficiente geral sobre atitudes em relação ao capitalismo em 33 países. (Quanto menor o coeficiente, mais forte é a atitude anticapitalista.)

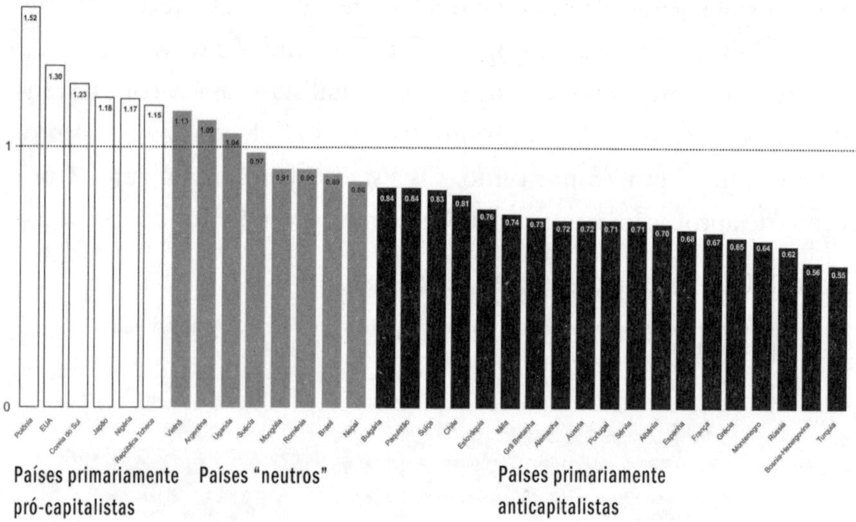

Fontes: Pesquisa Allensback Institute 12038, Sant Maral Foundation, Ipsos Mori 20-091774-30, 21-087515-07, 22-014242-04-03 e 22-087515-44, Indochina Research, FACTS Research & Analytics Pvt. Ltd. e Research World International Ltd.

tão alto quanto os Estados Unidos — um resultado difícil de entender, dada a ineficiência do sistema econômico russo.

Em comparação, os dois países que se descrevem como socialistas — como o Vietnã — recebem os níveis mais baixos de aprovação: apenas 40 por cento dos entrevistados vietnamitas admiram o sistema econômico da China, enquanto 55 por cento dizem que o desaprovam. A proporção de entrevistados que gostam do sistema econômico da Coreia do Norte é ainda menor, em 35 por cento, enquanto 38 por cento o rejeitam (Figura 3.14).

No entanto, é possível que os resultados expressem em parte simpatia/antipatia geral pelos países — por exemplo, sabemos que os Estados Unidos, apesar da Guerra do Vietnã, são geralmente bem-vistos no Vietnã, enquanto a China tem uma imagem muito negativa. Entre os jovens vietnamitas com menos de 30 anos entrevistados, o sistema

Figura 3.14: De quais sistemas econômicos os vietnamitas gostam?

Pergunta: "Quando você pensa em diferentes sistemas econômicos de diferentes países, de qual você gosta mais e de qual gosta menos?"
Resposta: "Eu gosto do sistema econômico deste país."

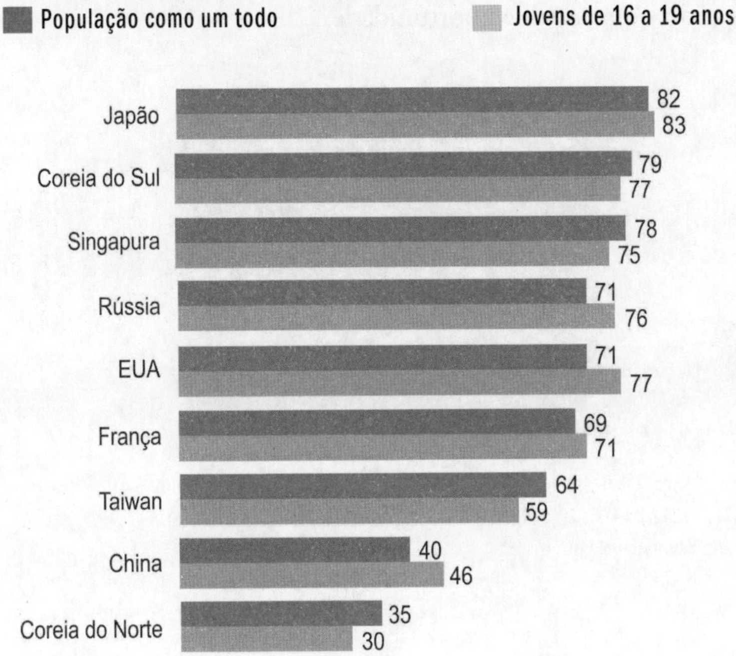

Fonte: Indochina Research.

econômico norte-americano é na verdade o segundo mais popular — depois do Japão —, junto com a Coreia do Sul. A aprovação do sistema na Coreia do Norte é ainda menor do que na população como um todo (Figura 3.14).

Embora o Vietnã se autodenomine socialista, a população — especialmente os jovens — está mais alinhada com países capitalistas como o Japão e os EUA. O povo do Vietnã aprendeu que o capitalismo não é, como muitas pessoas no Ocidente acreditam, responsável pela pobreza, muito pelo contrário — apenas o capitalismo ajuda as pessoas a escapar da pobreza. Se o Vietnã continuar a seguir seu atual caminho de livre mercado e a conseguir implementar as reformas que ainda estão pendentes, terá uma boa chance de se tornar uma das principais economias do mundo. No entanto, se o Vietnã — como a China nos últimos anos — esquecer o motivo de ter alcançado melhorias tão enormes nos padrões de vida e voltar a confiar mais no Estado, estaria desperdiçando uma enorme oportunidade.

Capítulo IV

POLÔNIA: A ASCENSÃO DA ÁGUIA BRANCA

Esperar em fila tornou-se uma ciência plenamente desenvolvida na Polônia socialista, conforme explicado por Iwona Kienzler em seu livro sobre a vida cotidiana sob domínio do partido comunista na Polônia: com filas por toda parte e pessoas frequentemente tendo que esperar por horas a fio — ou até mesmo vários dias, no caso de móveis ou produtos domésticos —, alguns sistemas inteligentes surgiram. Um deles era chamado de "lista de espera", usada quando as pessoas tinham que esperar por dias e não horas. Nesse caso, uma lista era feita com todas as pessoas na fila, para que elas não precisassem permanecer fisicamente o tempo todo. No intervalo de algumas horas, a lista era lida em voz alta e as pessoas precisavam se declarar presentes ou não — e, se já não estivessem na fila, eram excluídas da lista. O horário para o registro era anunciado com antecedência. Quando o período de espera era de dias e não de horas, as pessoas precisavam se declarar três a quatro vezes por dia. Alguns tiravam folga do trabalho, outros apenas pediam aos supervisores para deixá-los ir e voltar rapidamente e alguns pagavam a outros para se declararem em seu lugar (isso era chamado de "contratar um guardador de fila"). A responsabilidade sobre a lista de espera ficava a cargo de um autoproclamado comitê de fila.[1]

Vamos tomar outro exemplo do livro *80-te. Jak naprawdę żyliśmy w ostatniej dekadzie PRL (Os anos 1980. Como realmente vivemos durante a última década da PRL)*, de Joanna Solska. Para fazer compras de maneira mais eficaz, as pessoas abusavam dos privilégios garantidos às mulheres grávidas e mulheres com crianças: "As lojas frequentemente eram áreas de contraste entre o socialismo teórico e real. Na teoria, o sistema respeitava as mulheres e concedia privilégios às grávidas e àquelas com crianças. Um desses privilégios era a possibilidade de fazer compras sem esperar na fila. Assim, mulheres com crianças iam às lojas (algumas até pegavam emprestado crianças de amigas) e iam direto ao balcão. Quanto maior a escassez de um produto, mais mulheres com crianças apareciam. Enquanto elas compravam tudo o que havia para comprar, o resto das pessoas na fila mal se movia."[2]

Tomasz Agencki, com quem produzi um filme sobre o socialismo e o capitalismo na Polônia *(Polônia: do socialismo à prosperidade)*, também relata a criatividade dos poloneses quando se tratava de fazer permutas em vez de compras convencionais. Sim, ele diz que era uma vantagem conhecer alguém que pudesse conseguir certos produtos para você. "Mas, na realidade, era muito mais complexo do que isso: você tinha que conhecer o vendedor de uma loja de sapatos, que poderia vender um par de sapatos para você, que então você apresentaria como suborno para um cara que poderia vender uma bicicleta para você, que então você daria ao padeiro para pagar o bolo de casamento para a filha de seu eletricista. Essa realidade é retratada em vários filmes, especialmente aqueles dirigidos por Stanislaw Bareja. Há até uma palavra especial em polonês para uma situação absurda — *bareism* — que deriva do nome dele".

De acordo com Karl Marx, o socialismo não era nada mais do que uma fase de transição para o comunismo. Então, sua linha de raciocínio era de que, sob o comunismo, todas as pessoas seriam capazes de viver de acordo com suas necessidades. No entanto, os poloneses que ficavam na fila por horas para obter as necessidades básicas da vida enfrentavam com escárnio a visão de Marx. Uma piada popular na Polônia era:

"Como o problema das filas nas lojas será resolvido quando atingirmos o comunismo total?"

"Não restará nada pelo que fazer fila."[3]

Isso tudo aconteceu há pouco tempo. Os relatos acima descrevem a situação na Polônia nos anos 1980, que estão a anos-luz da Polônia de hoje. Desde 1989, o produto interno bruto *per capita* da Polônia triplicou.[4] A Polônia registrou um crescimento econômico real médio de 3,5 por cento ao ano. A economia do país cresceu a ponto de se tornar a sexta maior da Comunidade Europeia nas décadas após o início das reformas de economia de mercado.[5] A Polônia teve a economia que mais cresceu na Europa desde as reformas de 1989 e é amplamente considerada a "Campeã de Crescimento da Europa" — que também é o título de um livro de Marcin Piatkowski. Há uma razão principal para esse crescimento surpreendente: em quase nenhum outro país de tamanho comparável a liberdade econômica aumentou tanto nas últimas décadas.

A Heritage Foundation publica o Índice de Liberdade Econômica todos os anos desde 1995. Teoricamente, a pontuação mais alta alcançável por qualquer país é 100, porém nenhum dos 177 países analisados para o índice alcança a pontuação máxima (os melhores desempenhos em 2022 foram de Singapura e Suíça, com 84,4 e 84,2 pontos, respectivamente). Por outro lado, a pontuação teórica mais baixa seria 0, de que a Coreia do Norte se aproxima, com 3.0. A Polônia ocupa o 39º lugar, com uma pontuação de 68,7, o que não parece particularmente notável a princípio e certamente não está entre as pontuações mais altas. No entanto, isso significa que a Polônia é economicamente mais livre do que Espanha, Israel, França ou Itália, por exemplo.[6]

No entanto, a mudança relativa de um país desde 1995 é muito mais importante do que a classificação absoluta, e, nesse caso, a Polônia se sobressai. A pontuação da Polônia subiu de 50,7 em 1995 para 69,7 em 2021. Em 2022, a Polônia perdeu um ponto, resultando em uma pontuação de 68,7. É verdade que alguns países muito pequenos, como a Geórgia (com 3,7 milhões de habitantes) e a Bulgária (com 6,9 milhões de habitantes), experimentaram um aumento ainda maior. No entanto, entre os países com mais de 30 milhões de habitantes, apenas o Vietnã, que subiu de 41,7 para 60,6 pontos, experimentou um aumento comparável na liberdade econômica.[7]

Mesmo assim, a liberdade econômica na Polônia hoje está ameaçada. Em particular, desde 2015, quando o partido PiS assumiu o poder, os gastos com programas de bem-estar social aumentaram, as privatizações foram em grande parte interrompidas e até mesmo bancos e empresas que já haviam sido privatizados foram transferidos de volta para as mãos do Estado. Sob o governo PiS (2015-2023), a Polônia começou a abandonar o caminho da economia de mercado que tornou o país tão bem-sucedido. Embora os desenvolvimentos mais recentes ainda não estejam adequadamente refletidos no *ranking* da Heritage Foundation, a liberdade econômica na Polônia tem diminuído nos últimos anos. No entanto, isso não diminui a história de sucesso da Polônia nos 25 anos de 1990 a 2015. Permita-nos contar a história desde o início e retroceder aos tempos sombrios nos quais a Polônia enfrentou uma guerra terrível, a quarta divisão do país, e, posteriormente, um regime socialista.

Uma terra torturada

A Polônia foi dividida três vezes entre a Prússia, Rússia e Áustria em 1772, 1793 e 1795, desaparecendo completamente do mapa europeu por 123 anos durante a última dessas três partilhas. A Segunda República Polonesa só surgiu após a Primeira Guerra Mundial e conseguiu sobreviver por apenas 21 anos, de 1918 a 1939.

O fim da Polônia como país independente foi decidido no Pacto Hitler-Stalin entre a Alemanha Nacional Socialista e a União Soviética socialista. Em 23 de agosto de 1939, o ministro das relações exteriores da Alemanha, Joachim von Ribbentrop, encontrou seu homólogo soviético, Vyacheslav Molotov, para assinar o pacto em Moscou — com a partilha registrada em um protocolo adicional secreto. Em setembro de 1939, primeiro as tropas alemãs e depois as tropas soviéticas invadiram e ocuparam o país, celebrando sua vitória em um desfile conjunto em 22 de setembro.

A proposta para um desfile conjunto das tropas alemãs e soviéticas partiu do lado alemão. Uma equipe de câmera alemã estava presente para filmar o espetáculo e suas imagens do desfile militar das tropas de Adolf Hitler e Josef Stalin foram destaque nos noticiários cinematográficos da *Deutsche Wochenschau* em outubro de 1939.

Os dois comandantes, Heinz Wilhelm Guderian e Semyon Moiseevich Krivoshein, desfilaram juntos diante de um batalhão de tanques alemão e soviético no centro de Brest-Litovsk. Uma orquestra militar alemã tocou os hinos nacionais das duas potências vitoriosas. Logo após o desfile, as tropas alemãs deixaram a cidade e um marco de fronteira foi colocado para delimitar a fronteira entre a União Soviética e a zona ocupada pela Alemanha.

A Alemanha ocupou quase metade da Polônia, um território que abrigava uma população de 21,2 milhões de pessoas. A parte oriental do país, com 13,2 milhões de habitantes, foi ocupada pela URSS. De acordo com o especialista em Polônia e cientista político Stefan Garsztecki, os efeitos do reinado do terror foram impressionantes: "Entre cinco e seis milhões de cidadãos poloneses perderam suas vidas, incluindo quase três milhões de judeus poloneses. A maioria das vítimas eram civis (que, além disso, continuaram a morrer mesmo após o fim das hostilidades), fuzilados pelas *Einsatzgruppen* [grupos de ação móveis], mortos em câmaras de gás em campos de extermínio alemães como Auschwitz-Birkenau, Majdanek, Chełmno, Treblinka, Sobibór e Bełżec, ou mortos como resultado de trabalho forçado, prisão ou maus tratos relacionadas. Durante tudo isso, não foram apenas os judeus as vítimas do genocídio, mas também outros poloneses. As campanhas direcionadas contra a elite polonesa, como a *Sonderaktion Krakau*, dirigida contra professores e acadêmicos de universidades na Cracóvia ocupada pelos alemães, ou o discurso de Heinrich Himmler em Poznań em 4 de outubro de 1943 para líderes de grupos SS, no qual disse que só estava interessado nos povos da Europa Oriental na medida em que eram necessários como escravos, demonstram o caráter genocida da política de ocupação alemã na Polônia, inclusive contra os poloneses étnicos, como eram o Plano Geral do Leste e a *Aktion Reinhardt*.[8]

Os soviéticos também desencadearam um brutal reinado de terror na Polônia: Durante o período de abril a maio de 1940, cerca de 15.000 oficiais poloneses — prisioneiros de guerra — foram assassinados de acordo com uma decisão emitida pelo Bureau Político do Comitê Central do Partido Comunista Russo, em 5 de março de 1940. Todos foram executados com tiros na parte de trás da cabeça e seus corpos foram enterrados em valas comuns em Katyń, Kharkov e Myednoye. Como resultado do mesmo decreto, 7.000 membros da elite polonesa que haviam sido presos e detidos em prisões da NKVD também foram assassinados.

Até que o "massacre de Katyń" fosse revelado pelos alemães em 1943, o governo polonês havia feito tentativas infrutíferas de estabelecer o que havia acontecido com os desaparecidos. Os soviéticos recusaram-se a admitir o crime, acusando os alemães de terem cometido a atrocidade. Para os poloneses, o "massacre de Katyń" tornou-se sinônimo de genocídio soviético e das mentiras monstruosas do regime. Mais de 320.000 cidadãos poloneses foram deportados para o interior da União Soviética durante quatro ondas de deportação em fevereiro, abril e junho de 1940 e junho de 1941. As ondas individuais de deportação inicialmente se aplicaram aos *kulaks* (camponeses "ricos"), colonizadores militares e trabalhadores florestais, seguidos sucessivamente pelas famílias dos prisioneiros condenados à morte pelo decreto de 5 de março de 1940, refugiados da zona ocupada pelos alemães, e finalmente, os habitantes das zonas fronteiriças.[9]

Entretanto, em nenhum lugar a resistência aos ocupantes foi tão feroz quanto na Polônia — como exemplificado pela revolta dos judeus poloneses no Gueto de Varsóvia em 19 de abril de 1943 e pela

Revolta de Varsóvia em 1º de agosto de 1944. Varsóvia abrigava 1,3 milhão de habitantes antes da guerra e 350.000 no final da revolta.[10] A capital polonesa perdeu quase tantas vidas para a guerra, ocupação e o Holocausto quanto toda a França durante o mesmo período.[11] No total, a Polônia lamentou as mortes de cinco a seis milhões de vítimas na Segunda Guerra Mundial, segundo estimativas. Proporcionalmente, as perdas foram ainda piores para as elites, que os ocupantes alemães e russos buscaram eliminar. "A perda populacional da Polônia é estimada em 22 por cento (a mais alta de todos os países participantes da guerra), mas ela perdeu 40 por cento de seus médicos, um terço de seus professores, cientistas e acadêmicos e 26 por cento de seus advogados."[12]

De 4 a 11 de fevereiro de 1945, o ditador soviético Josef Stalin, o presidente dos Estados Unidos Franklin D. Roosevelt e o primeiro-ministro britânico Winston Churchill encontraram-se no balneário soviético de Yalta, na península da Crimeia. Em relação à Polônia, os líderes aliados decidiram que a União Soviética deveria manter a posse de parte dos territórios do Leste. A nova fronteira oriental da Polônia seria a Linha Curzon. A Polônia seria compensada por suas perdas no leste com ganhos territoriais no norte e oeste às custas da Alemanha. No entanto, a decisão final sobre a fronteira ocidental da Polônia foi adiada para uma conferência de paz após o fim da guerra.

Outro capítulo trágico na história germano-polonesa é a expulsão dos alemães. O primeiro-ministro britânico Winston Churchill declarou na Câmara dos Comuns britânica em 1944: "A expulsão é o método que, até onde pudemos ver, será o mais satisfatório e duradouro. Não haverá mistura de populações para causar problemas intermináveis como na Alsácia-Lorena." Entre o fim da guerra em 1945 e o final de 1949, milhões de alemães foram expulsos dos territórios que agora se tornaram poloneses — e muitos perderam a vida no processo. No total, entre oito e nove milhões de alemães deixaram suas casas dentro das novas fronteiras polonesas após 1944/45, quando fugiram ou foram expulsos.

Os acordos entre os Aliados vitoriosos estipulavam que "uma Polônia forte, livre, independente e democrática" deveria ser estabelecida. Os outros estados europeus também teriam o direito "de escolher a forma de governo sob a qual viveriam", mas a realidade foi muito diferente, já que a União Soviética socialista impôs seu sistema à Polônia, à Alemanha Central — que agora se tornara Alemanha Oriental — e a vários países do Leste e Centro da Europa. O Partido dos Trabalhadores Unidos da Polônia (PZPR), formado em 15 de dezembro de 1948 pela união do Partido dos Trabalhadores Poloneses (PPR) e do Partido Socialista Polonês (PPS), ajudou a alcançar esse objetivo. Muitos membros do PPS opuseram-se a essa união, mas foram obrigados a se juntar ao novo partido. Os delegados da conferência exaltaram o ditador soviético Stalin — o homem que, juntamente com Hitler, concordou com a quarta partição da Polônia e lançou a guerra contra ela em primeiro lugar. É claro que esses fatos históricos não contaram naquele momento. Os delegados aprovaram um manifesto no qual a história da Segunda Guerra Mundial foi reescrita. O conceito de "independência" da Polônia foi reinterpretado: "Consequentemente, antes da Segunda Guerra Mundial, o 'capitalismo monopolista' era supostamente o maior inimigo da independência polonesa (...) Durante a guerra contra o 'fascismo de Hitler', a União Soviética havia salvado sozinha a nação polonesa da 'aniquilação física'."[13]

Socialismo na Polônia

O novo sistema político na Polônia era chamado de "democracia popular", que implementaria a "ditadura do proletariado". Em 1946, houve um referendo no qual se solicitou aos poloneses resolver três questões: a primeira tratava da abolição do Senado, a segunda abordava a reforma agrária e a nacionalização de empresas e a terceira tratava da confirmação da fronteira ocidental ao longo dos rios Oder e Neisse. No entanto, os resultados foram falsificados. Os novos governantes da Polônia procederam exatamente da mesma maneira que haviam feito durante as primeiras "eleições" de janeiro de 1947: supostamente, 80 por cento dos eleitores votaram no chamado Bloco Democrático (comunistas, socialistas e outros partidos afiliados), mas há indicações de que, na verdade, o Partido Popular Polonês (PSL), de oposição, é que deveria ter vencido.[14]

Dos 1.157 membros dos comitês *województwa* (provisórios) em 1953, 61 por cento tinham completado somente o ensino fundamental ou não tinham educação alguma, 70 por cento eram trabalhadores e 11,5 por cento eram agricultores. Apenas um por cento das pessoas responsáveis pelos comitês políticos tinham um diploma universitário.[15] Em outras palavras, havia novas oportunidades de ascensão social para trabalhadores e camponeses, mas apenas se fossem leais à linha do partido e fossem considerados "ideologicamente estáveis". Dos 7.000 que ocupavam cargos de liderança na economia, 53 por cento pertenciam ao PZPR; entre os chefes dos órgãos administrativos centrais da economia, 75 por cento eram membros do partido.[16] Como em outros países agora socialistas, os sindicatos já não eram mais representantes independentes dos interesses dos trabalhadores; em vez disso, serviam como instrumentos políticos para impor as diretrizes do partido entre os membros da classe trabalhadora.

Em 1952, uma nova constituição polonesa foi elaborada por uma comissão nomeada pelo Comitê Central do partido. A nova constituição foi modelada na Constituição Soviética de 1936, e Stalin pessoalmente leu o rascunho e fez cerca de 50 correções.[17] Stalin deixou claro que a União Soviética realmente determinaria a política na Polônia, nomeando um marechal soviético, Konstantin Rokossovsky, como primeiro ministro da defesa da Polônia.[18]

Assim como em outros países socialistas, uma grande proporção de empresas (se elas já não tivessem sido nacionalizadas na Polônia no período pré-guerra ou durante a ocupação)[19] foram nacionalizadas. Os preços eram definidos por uma autoridade de planejamento. A produtividade do trabalho na Polônia cresceu lentamente. Na década de 1950, ela cresceu 2,6 por cento. Em comparação, o crescimento foi de 6,6 por cento na Alemanha Ocidental no mesmo período. Na década de 1960, a produtividade cresceu 2,1 por cento na Polônia e 5,2 por cento na Alemanha Ocidental.[20] Além disso, o PIB *per capita* da Polônia cresceu apenas 2,2 por cento ao ano durante o período do socialismo, de 1950 a 1989.[21] Mesmo com base nos números oficiais poloneses, que são justificadamente questionáveis, fica claro que "a Polônia era a retardatária econômica europeia".[22] Esse crescimento lento era notável, principalmente porque, após a Segunda Guerra Mundial, a Polônia era um dos países mais pobres da Europa. Na Polônia, a renda *per capita* era de apenas US$ 2.500 por ano (nos preços de 1990). Países pobres deveriam crescer mais rápido. Aqui está outra comparação: os países do sul da Europa, como Espanha, Portugal e Grécia, que eram tão pobres quanto a Polônia na década de 1950, cresceram duas vezes mais.[23]

Esse crescimento lento é notável por outro motivo: os novos territórios no oeste, em particular os antigos territórios alemães da Pomerânia, da Silésia e da Prússia Oriental, que a Polônia havia adquirido, eram mais ricos, tinham melhor infraestrutura, uma base industrial mais desenvolvida, cidades maiores e agricultura mais produtiva do que os territórios do leste que a Polônia foi forçada a ceder à União Soviética.[24]

Após a Segunda Guerra Mundial, a Polônia era um país em grande parte agrícola. Inicialmente, os comunistas tentaram implementar seus métodos — que já haviam falhado miseravelmente na União Soviética — também na agricultura polonesa. Os camponeses mais ricos, chamados de *kulaks*, assim como na União Soviética, foram rotulados como "exploradores", "espiões" e "ladrões" pelos comunistas. Propriedades acima de 50 hectares foram expropriadas e divididas em pequenos lotes. Os lotes foram entregues aos "pequenos agricultores", que deveriam trabalhar neles e moldar a agricultura da Polônia em uma nova forma que se adequasse melhor à ideologia comunista. "Parece, em retrospecto, no entanto, que essas ações tiveram pouco sucesso, já que aqueles 'pequenos camponeses' que deveriam ser os novos porta-

-vozes dentro das comunidades rurais raramente obtinham a aprovação dos outros moradores."[25] A política comunista de coletivização na Polônia fracassou; apenas alguns poucos por cento das terras agrícolas eram cultivadas coletivamente. Em vez disso, o Estado tentou impor taxas, exercendo uma enorme pressão sobre os camponeses. Somente entre 1952 e 1955, cerca de meio milhão de camponeses foram presos por não pagarem taxas obrigatórias.[26]

Os incentivos econômicos foram substituídos por pressão. Um instrumento importante para exercer essa pressão foi o Serviço de Segurança do Estado, que tinha cerca de 33.000 agentes em 1953, sendo 90 por cento deles membros do partido, mais do que qualquer outro órgão estatal. No entanto, 18 por cento dos agentes do Serviço de Segurança não possuíam nem mesmo um diploma do ensino fundamental e apenas 7 por cento haviam completado o ensino médio.[27] "Estima-se que os órgãos de segurança tentaram recrutar cerca de meio milhão de pessoas nos anos de 1944 a 1956. Na sociedade, espalhou-se a visão — em grande parte precisa — de que 'eles estão por toda parte' e que 'as paredes têm ouvidos'. Até 1954, um arquivo pessoal interno do Ministério com 'suspeitos' incluía cerca de seis milhões de pessoas, ou um terço da população adulta da Polônia."[28] Qualquer pessoa que contasse uma piada politicamente inadequada, não comparecesse a um dos comícios oficiais da fábrica ou cometesse erros no trabalho (que poderiam facilmente ser interpretados como sabotagem) sabia que provavelmente enfrentaria represálias durante esse período. No entanto, não era necessário ser "culpado" de algo, pois pertencer à "classe social errada" muitas vezes era motivo suficiente para assédio, como a negação de promoções ou dificuldades com admissões universitárias.

Pequenos lojistas foram assediados, como Bronislaw Pindelski, o dono de uma pequena sorveteria, retrata vividamente: "Três inspetores fiscais de repente entraram na loja. Um deles, provavelmente o chefe, apresentou-se e mostrou sua ordem de superinspeção. 'Você vai dispensar todos os clientes agora', ele pediu. 'Haverá uma pesquisa detalhada. Precisamos examinar suas falcatruas. Cada pequeno empresário é um ladrão e negociador astuto. Não pode haver lojas privadas na rua Obronców Stalingradu [Defensores de Stalingrado]. É uma vergonha para esta rua heroica."[29]

Após a morte de Stalin, em 1953, e a reavaliação do stalinismo pelo novo líder do Estado, Nikita Khrushchev, três anos depois, em seu famoso discurso secreto no 20º Congresso do Partido CPSU, uma onda de antistalinismo também surgiu na Polônia; mas, quando protestos contra os comunistas e a União Soviética eclodiram em 1956, a situação quase saiu do controle e havia o risco de a União Soviética lançar uma intervenção militar, semelhante à sua intervenção na Hungria no mesmo ano. O líder do partido, Edward Ochab, que havia assumido o cargo recentemente, foi removido e substituído por Wladyslaw Gomulka. Inicialmente, os soviéticos o rejeitaram, o que aumentou sua popularidade na Polônia. Embora a Polônia tenha permanecido uma ditadura, a repressão não era mais tão severa quanto tinha sido durante o período stalinista. Gomulka freou a coletivização da agricultura privada, algo em que seus predecessores não haviam avançado muito, e permitiu pequenas empresas privadas em escala limitada. Das 10.000 cooperativas agrícolas ainda existentes em setembro de 1956, restaram apenas 1.500 no final do ano.[30]

Além disso, o fim da campanha contra os *kulaks* impulsionou a popularidade de Gomulka entre a população rural. Em 1960, mais de 90 por cento das terras haviam sido coletivizadas na URSS, na RDA e na Bulgária, mais de 80 por cento na Tchecoslováquia e na Romênia e 71 por cento na Hungria. Porém, apenas 13 por cento das terras na Polônia eram propriedade do Estado.[31] Em 1959, a produção de alimentos atingiu seu nível mais alto desde o fim da Segunda Guerra Mundial, e isso foi principalmente devido aos agricultores de pequeno e médio porte. Na metade dos anos 1950, o número de negócios de comércio especializados duplicou e o número de pequenas lojas aumentou em 80 por cento.[32]

No entanto, tornou-se cada vez mais claro que o sistema de economia planificada também não estava funcionando na Polônia. Em 1956 e 1957, reformas econômicas foram discutidas. Em janeiro de 1957, um Conselho Econômico foi convocado sob a liderança do economista Oskar Lange, que defendeu várias reformas econômicas modestas dentro do sistema existente. Apesar de serem propostas moderadas que de forma alguma pediam um retorno ao capitalismo, a liderança do partido as rejeitou. Já havia ocorrido tentativas repetidas de reforma no país socialista, todas com algo em comum: os reformistas queriam introduzir mais competição e mecanismos de mercado para dar às empresas maior autonomia em suas decisões. No entanto, eles hesitaram em dar o passo decisivo, que era questionar o dogma da propriedade estatal dos meios de produção e da economia planejada.

Embora os padrões de vida tenham melhorado, a Polônia continuou a ficar para trás em comparação com outros países. "Uma comparação do desempenho econômico da Polônia com países que estavam em um nível de desenvolvimento similar nas décadas de 1930 e 1940 mostra que, na metade dos anos 1960, a Polônia começou a perder a competição de modernização, tanto em termos de critérios econômicos (...) quanto em termos de indicadores de padrão de vida. Os salários reais cresceram menos de dois por cento anualmente, o que significou uma aparente estagnação. O cidadão comum gastava cerca de 50 por cento de sua renda em alimentos e cerca de 18 por cento em roupas".[33]

No início da década de 1970, sob um governo liderado por Edward Gierek (1970-1980), o padrão de vida melhorou na Polônia, e o sociólogo polonês Gavin Rae fala de "um período de notável crescimento econômico... combinado com aumentos na renda, no consumo e no padrão de vida".[34] No entanto, esse crescimento foi baseado em uma dívida externa cada vez maior, o que foi uma causa de problemas posteriores, ainda maiores. O sistema econômico socialista mostrou-se incapaz de gerar um crescimento sustentável.

No final dos anos 1970, a situação econômica chegou a um ponto crítico mais uma vez: trimestre após trimestre, as quantidades de bens diminuíram e as filas em frente às lojas, especialmente nos açougues, ficaram cada vez mais longas. "Para comprar bens mais caros, como geladeiras, televisores, móveis e similares, os potenciais compradores tinham que esperar na fila por vários dias. Essa escassez drástica de bens deu origem a um amplo sistema de corrupção, e favores mútuos dentro do contexto de redes de contatos tornaram-se comuns. Por exemplo, havia uma grande vantagem em conhecer um vendedor que poderia 'reservar' os bens cobiçados. Como os representantes nos vários níveis de poder tinham acesso a bens em falta, eles tinham muitas oportunidades para recrutar sua 'clientela'. A vida de um cidadão comum gradualmente se tornou mais difícil, de modo que, no decorrer da constante 'caça' por bens básicos e horas gastas em filas, a frustração e a agressão aumentaram."[35]

Acima de tudo, o problema em conseguir carne persistia. Uma solução proposta que de alguma forma misteriosa deveria amenizar o problema era a introdução das chamadas 'segundas-feiras sem carne' em 1959. A partir daquele momento, era proibido não apenas vender, mas também consumir qualquer carne às segundas-feiras. "Hoje em dia, os católicos jejuam nas sextas-feiras e os marxistas nas segundas-feiras", comentou um jornalista ironicamente.[36]

Para entender melhor como era a vida cotidiana na Polônia socialista, viajei para Varsóvia, onde conheci Alicja Wancerz-Gluza, co-fundadora do Centro Karta, um arquivo histórico não-governamental. Alicja inicialmente participou do sindicato independente Solidariedade, fundado em 1980, e do movimento clandestino anticomunista após a declaração da lei marcial na Polônia em dezembro de 1981. Em 4 de janeiro de 1982, junto com seu marido e um pequeno grupo de amigos, ela fundou o jornal clandestino *Karta*, que se opunha ao regime recém-instalado sob o general Jaruzelski. Isso posteriormente evoluiu para o Arquivo Karta, que reuniu uma grande quantidade de materiais, incluindo 6.000 entrevistas com testemunhas contemporâneas e aproximadamente 400.000 fotos e outros documentos.

Durante nossa conversa, Alicja explicou as realidades da vida cotidiana na Polônia sob a economia planejada socialista. Ela me mostrou a pilha de cartões de racionamento de que os poloneses precisavam para comprar alimentos e outros produtos até o colapso do regime socialista no final dos anos 1980. Os primeiros cartões de racionamento foram para o açúcar, em 1976. Até o final do socialismo, cada vez mais desses cartões de racionamento foram adicionados — para todos os tipos de produtos, incluindo carne, gordura, manteiga, detergente, sabão, cigarros, gasolina e até mesmo sapatos. Também havia *tokens* especiais nos cartões de racionamento, e eles eram numerados. Por exemplo, poderia ser anunciado de repente que você poderia comprar materiais escolares para crianças ou absorventes higiênicos para mulheres usando o *token* número 3.

Todo o sistema de cartões de racionamento envolvia uma enorme burocracia, uma característica de economias planificadas: "200.000 pessoas trabalhavam na distribuição dos cartões de racionamento, outras 40.000 lidavam com sua administração e mais 6.000 com inspeções. Todos os locais de trabalho, universidades, escolas e administrações de moradia também eram sobrecarregados com o trabalho de administrar os cartões de racionamento."[37]

Na prática, o sistema de cartões de racionamento funcionava da seguinte maneira: em cada loja, os vendedores usavam tesoura para cortar a pequena ficha dos cartões de racionamento. Para obter um cartão de racionamento com uma ficha especial, os poloneses precisavam de outro cartão, que seus empregadores usavam para registrar todos os cartões que haviam sido emitidos a cada mês. Por exemplo, se você fosse passar duas semanas de férias, você tinha que entregar seus cartões de racionamento no hotel antecipadamente e receber novos cartões para que pudesse comer enquanto estivesse de férias. Era uma verdadeira tragédia se alguém perdesse um de seus cartões de racionamento. Joanna Solska escreve ironicamente em seu livro sobre a vida sob o socialismo na Polônia nos anos 1980: "Você perdeu seu cartão de racionamento? Você tinha que mudar sua dieta. Você não deveria perder seus cartões de racionamento, porque não havia duplicatas. Se alguém perdesse seu cartão de racionamento para carne, teria que se tornar vegetariano pelo resto do mês."[38]

Alicja acrescenta: "Foi uma ocasião realmente especial quando recebi um cartão especial do cartório que me permitiria comprar meias-calças brancas para meu casamento. Também me deram um certificado dizendo que, como estávamos nos casando, tínhamos permissão para comprar alianças de casamento de ouro em uma joalheria. Não tínhamos dinheiro para isso, mas, de qualquer modo, não queríamos as alianças. Então, havia cartões especiais para todas as ocasiões, como, por exemplo, para um funeral, você poderia obter um cartão para meias-calças pretas". Porém, apenas ter um cartão de racionamento não significava que você podia sair e comprar o que quisesse. Muitas vezes, você tinha que ficar na fila por horas para conseguir o que desejava. As pessoas também trocavam seus cartões se precisassem de um produto diferente daquele permitido pelo seu cartão. Por exemplo, um cartão de vodka (um adulto podia comprar uma garrafa por mês) podia ser trocado por um cartão de café.

Para as crianças, havia cartões para leite em pó e doces (os chamados "substitutos de chocolate"). Para comprar móveis, uma máquina de lavar roupa ou uma televisão, as pessoas tinham que ficar em pé no que eram conhecidas como "*kolejki społeczne*" (filas sociais). Em alguns casos, elas tinham que entrar na fila todos os dias por um ou dois meses, esperando na fila por horas seguidas. Membros da família entravam na fila, esperavam e trocavam de lugar com outros membros da família a cada poucas horas. Muitas vezes, era o avô ou a avó que eram escolhidos para esperar na fila, pois eram os mais propensos a ter tempo para permanecer na fila por vários dias. A cada poucas horas, os nomes eram chamados – e, se alguém saísse da fila, perdia o lugar e o tempo que tinha passado na fila não contava.

Joanna Solska também relata que, quando algo era entregue em uma loja, as pessoas compravam mesmo que não precisassem, porque poderiam usá-lo em transações de troca clandestina por outra coisa: "Se você visse alguém carregando dois penicos, a razão provavelmente não era que ele fosse pai de gêmeos. Talvez ele nem tivesse filhos. Para quem via, era óbvio que teve a opção de comprar dois penicos na loja."[39]

Também era difícil conseguir um telefone. "No meu bairro, em 1986, havia apenas uma cabine telefônica para todas as ruas e prédios do novo distrito", explica Alicja. "Era um telefone público, ninguém no meu bairro tinha telefone particular." Seus pais mudaram-se para o apartamento cooperativo em 1960 e imediatamente solicitaram uma linha telefônica. O telefone foi finalmente conectado 13 anos depois, em 1973. E isso só aconteceu tão "rapidamente" porque seu pai era membro do Partido dos Trabalhadores Unidos Poloneses. Normalmente, era preciso esperar ainda mais tempo por um telefone na Polônia socialista – em média, 18 anos. Isso se devia em parte às fraquezas do sistema de economia planificada, mas também tinha razões políticas: "Menos telefones significava menos conversas para controlar e menos conspirações e problemas".[40] De qualquer modo, chamadas internacionais só podiam ser feitas no correio, onde as pessoas tinham que agendar uma ligação telefônica com várias horas de antecedência. Em 1987, apenas 12 por cento dos poloneses tinham um telefone.[41] Isso comparado a cerca de 16 por cento das pessoas na RDA e 99 por cento na Alemanha Ocidental em 1989.[42]

Carros também eram raros: na Polônia, apenas cerca de 14 por cento da população tinha carro em 1990;[43] na Alemanha Ocidental, esse número era quase 68 por cento.[44] Os poloneses tinham que esperar vários anos por um carro, sem a certeza de que realmente conseguiriam comprar um no final. Claro, era possível comprar um carro usado, mas às vezes eles eram até mais caros do que um carro novo. Foi apenas porque o pai de Alicja estava no partido que ele recebeu um voucher especial para um carro, um Fiat 126p, mas ele teve que esperar até 1980, quando recebeu o voucher como recompensa por se tornar o primeiro secretário do Partido em sua fábrica.

As pessoas tinham que esperar por tudo, inclusive por um apartamento. Alicja lembra: "Quando meu futuro marido tinha cinco anos, seus pais começaram a depositar dinheiro em uma cooperativa, para que 25 anos depois eles tivessem o direito de comprar um pequeno apartamento. Meus pais começaram a economizar um pouco mais tarde, porque tinham que economizar para minha irmã mais velha primeiro". Vinte e cinco anos depois, quando ela tinha 29 anos e seu marido, 30, eles conseguiram juntar os direitos que tinham adquirido ao longo de muitos anos de economia e se mudar para um pequeno apartamento de três quartos, que ainda assim tinha dívidas e precisava ser quitado.

Pequenos comerciantes ainda estavam sendo assediados na década de 1970, como Mieczyslaw F. Rakowski, editor-chefe do semanário *Polityka*, observou em seu diário em março de 1975: "Tive a chance de acompanhar o trabalho do primeiro secretário do Comitê Provincial [...] Quando estávamos caminhando por uma rua, ele apontou para uma pequena loja particular e disse: 'Ainda temos alguns proprietários de pequenos negócios, mas já estamos nos livrando deles. Havia um proprietário de pequeno negócio ali, ele vendia sorvetes. Sempre havia uma fila na frente da loja dele. Eu ordenei um imposto atrasado de meio milhão para ele. Ele pagou sem reclamar. Então, ordenei mais meio milhão. Ele não aguentou. E agora ele se foi.' É assim que nosso simpático secretário governa. Caramba!"[46]

A situação certamente teria sido pior e o sistema teria colapsado mais cedo se não fosse pelo surgimento de um forte mercado negro. "A economia paralela e a corrupção foram os mecanismos que tornaram possível sobreviver na economia planificada, pois reduziram a ineficiência gerada pelas decisões do planejador e introduziram o elemento do mercado. Da mesma forma, o 'mercado negro' tornou-se uma espécie de 'base' que sustentava o mercado oficial de bens de consumo (que estava em constante desequilíbrio). Portanto, embora essas práticas fossem indiciáveis, as autoridades as toleravam e até mesmo as controlavam em parte, por meio do serviço de inteligência secreta".

Em seu livro *Życie w PRL. I strasznie i śmiesznie, (A vida na Polônia comunista: o terrível e o ridículo)*, Iwona Kienzler ilustra como o mercado negro havia se tornado importante na Polônia: até os agricultores precisavam comprar ferramentas e máquinas no mercado negro, porque nas lojas estatais elas não estavam disponíveis. Os agricultores tinham sérios problemas de acesso a coisas simples como borrachas ou cordas de sisal para amarrar feno. A corda de sisal tornou-se um símbolo da ineficácia da economia socialista, pois a escassez dela no mercado prejudicava o trabalho durante a temporada de colheita em todo o país. Isso aconteceu todos os anos ao longo de todo o período de socialismo. Após o ano de 1989, como em um toque de mágica, o problema desapareceu. Hoje, a Polônia é exportadora de cordas de sisal.[47]

O jornalista Piotr Andrzejewski escreveu sobre o mercado negro em 1986: "Krzysio tem um lucro de 100 por cento nas laranjas compradas em Hamburgo por 1,6 marcos. Claro, podemos não gostar do Krzysio; ele é ganancioso e uma pessoa desagradável. No entanto, devo admitir que eu desgosto ainda mais do fato de que a máquina burocrática de nosso comércio não consegue resolver o problema de abastecer nosso mercado com frutas cítricas. E quando aquele colosso anuncia com alarde que inundará o mercado polonês com frutas cítricas e depois deixa metade das frutas apodrecerem antes de chegarem às lojas, continuo me perguntando onde está a inspeção operária-camponesa? Com quem ela deveria lidar em primeiro lugar: Krzysio ou o responsável pelo escândalo do limão?"[48]

Sobre o assunto das laranjas, outra história vem à mente: uma blogueira polonesa explica por que as férias na Polônia comunista sempre a faziam pensar em laranjas: "Então você poderia perguntar, por que as férias na Polônia comunista me lembrariam de laranjas? Bem, as férias eram a única época em que as pessoas obtinham frutas cítricas durante o comunismo. Era algo tão importante que atualizações regulares na TV nacional acompanhavam as localizações dos navios que transportavam diferentes frutas cítricas até nossas costas."[49] Marcin Zielinski me contou que ainda hoje sua avó lhe dá laranjas no Natal, porque, após suas experiências durante a era socialista, ela as considera algo particularmente desejável e raro.

Os comunistas na Polônia não podem ser acusados de não terem tentado reformar o sistema repetidamente. No entanto, uma vez que as reformas permaneceram dentro dos limites do sistema, ou seja, evitaram questionar os traços inerentes da economia socialista, estavam fadadas ao fracasso. Como Bartłomiej Kamiński demonstra em seu livro *The collapse of state socialism (O colapso do socialismo de estado)*, as reformas na década de 1980, em alguns casos, até agravaram os problemas econômicos. À primeira vista, as reformas adotadas em 1981 pareciam muito radicais e abrangentes, até mais do que as reformas na Hungria e na Iugoslávia.[50] A fórmula mágica era AAA — autossuficiente, autogerenciado e autofinanciado. Autogerenciado significava que as decisões seriam transferidas para o nível da fábrica e seriam tomadas pelos trabalhadores. Autofinanciado significava que as empresas receberiam menos apoio do Estado e que uma ligação mais próxima seria estabelecida entre o desempenho econômico delas e a remuneração dos trabalhadores e da gerência. Autossuficiente significava maior independência das autoridades de planejamento do governo central.[51]

Uma das características-chave das reformas na década de 1980 foi que, em alguns casos, incentivos financeiros substituíram ordens governamentais. "As medidas de reforma introduzidas mudaram a combinação de ferramentas de política pública a favor dos instrumentos financeiros, que teoricamente são ferramentas de controle indireto. O problema era que eles só podiam ser usados como ferramentas de controle direto, pois as medidas de reforma introduzidas ficaram muito aquém da desvinculação do Estado da economia."[52]

As reformas tinham o objetivo de melhorar o socialismo, não de aboli-lo. A propriedade estatal dos meios de produção, característica essencial do socialismo, permaneceu em grande parte intocada. Houve uma relutância em introduzir uma verdadeira economia de mercado e, por fim, houve ainda mais regulamentações e inconsistências com as quais se envolver, piorando a situação, não melhorando. "A conclusão que se pode tirar da análise do experimento polonês com a reforma econômica é que o uso de medidas de mercado em um ambiente de não-mercado traz o pior dos mundos. A 'monetização' dos controles centrais produziu inflação galopante coexistindo com escassez. A ausência de concorrência e mercados produziu pressões para aumentar o alcance da intervenção microeconômica direta pelo Estado."[53]

No entanto, as muitas tentativas de reforma[54] alcançaram algo positivo: destruíram quaisquer ilusões de uma "terceira via" entre o capitalismo e o socialismo. Gavin Rae está certo quando escreve que é inimaginável que o movimento original Solidariedade teria aprovado um programa de reforma tão radical quanto o implementado a partir de 1990 e que isso não correspondia ao que havia sido acordado na "Mesa Redonda" entre o regime comunista e os sindicatos no ano anterior.[55] Mas Rae também está certo ao afirmar: "o fracasso de reformas sucessivas, nos últimos anos do período socialista, ajudou a fortalecer a crença na sociedade de que o sistema era irreformável e que era necessário haver uma ruptura política e econômica completa com o passado".[56] Isso deu uma chance a um verdadeiro reformador, Leszek Balcerowicz. Ele entendia que reformas dentro do sistema existente seriam fúteis e que somente a superação do socialismo e a introdução do capitalismo poderiam ocasionar melhorias — vamos discutir mais sobre isso posteriormente.

O histórico da economia socialista era preocupante. Em 1989, a Polônia era um dos países mais pobres da Europa. O polonês médio ganhava menos de 50 dólares por mês — o que não equivalia nem a um décimo do que se ganhava na Alemanha Ocidental. Mesmo levando em consideração as diferenças no poder de compra, em 1989, um polonês ganhava menos de um terço do que um alemão ocidental.[57] E Marcin Zielinski explica: o termo poder de compra tinha um significado muito diferente em um país socialista como a Polônia do que em economias capitalistas. Na Polônia, o valor na etiqueta de preço podia ser baixo, mas era difícil obter o produto. "Os poloneses eram mais pobres do que um cidadão médio do Gabão, Ucrânia ou Suriname. A renda da Polônia ficava atrás até mesmo de seus colegas comunistas: seu PIB per capita correspondia apenas à metade do nível de renda na Tchecoslováquia", escreve Piatkowski.[58]

Entre os anos de 1988 e 1989, as prateleiras de muitas lojas polonesas estavam ainda mais vazias do que as de outros países comunistas. As lojas frequentemente tinham apenas pão, leite e vinagre em estoque. Até os alimentos mais básicos só podiam ser obtidos em troca de cupons.[59] A infraestrutura também estava em decadência. Em todo o país, havia menos de 200 quilômetros de estradas, principalmente antigas, construídas pelos alemães.[60] As condições eram tão miseráveis que ninguém esperava que a Polônia se tornasse o palco de um milagre econômico nas décadas seguintes. Especialistas poderiam ter esperado que a Hungria liderasse, ou talvez a Tchecoslováquia, a Alemanha Oriental ou a Eslovênia. Mas a Polônia? Ninguém previa uma história de sucesso polonesa, dada a situação precária a partir da qual começou.[61]

Transformação política

As condições para o milagre econômico da Polônia foram criadas pela transformação política do país, que teve início nos anos 1980. O impulso decisivo para o fim da ditadura socialista veio dos trabalhadores. Toda a história pós-guerra da Polônia é marcada por greves repetidas e protestos contínuos dos trabalhadores do país, muitos dos quais foram brutalmente reprimidos. Por exemplo, houve as greves que começaram no porto de Gdansk em 14 de dezembro de 1970. Na noite de 15 de dezembro, os trabalhadores em greve foram cercados por unidades do exército com tanques. Quando os trabalhadores deixaram a fábrica, os soldados abriram fogo contra eles antes de avançar para as instalações. Em 15 de dezembro, também eclodiram greves no porto de Gdynia. Houve fatalidades e feridos. "A brutalidade dos soldados enviados para reprimir as greves — não apenas durante os eventos nas ruas, mas também contra os já detidos — foi chocante. Nas prisões e centros de detenção temporária, as pessoas foram espancadas até desmaiarem e ficarem gravemente feridas".[62] Visitei o porto de Gdansk, que agora abriga dois museus e ganhou uma placa memorial em janeiro de 2023. A placa memorial relaciona os nomes dos trabalhadores mortos naquela época — os mais jovens dos quais tinham 15, 16 e 17 anos.

Greves e manifestações também ocorreram em muitas outras cidades durante a mesma semana de dezembro, resultando na perda de 45 vidas. Das vítimas, 12 tinham menos de vinte anos e 24 tinham menos de 30 anos. No total, 1.100 pessoas ficaram feridas, a maioria das quais eram trabalhadores.[63] O fato de que, em outubro de 1978, um polonês, Karol Józef Wojtyła (João Paulo II), nascido em Wadowice em 1920, foi eleito papa foi de grande importância psicológica. Os poloneses receberam a notícia com entusiasmo desenfreado, e o novo papa claramente defendia os valores da liberdade. Milhões de poloneses alinharam-se nas ruas para cumprimentá-lo quando ele visitou sua terra natal em junho de 1979.

Agosto de 1980 marcou o início de uma nova onda de greves. Trabalhadores no porto Lenin em Gdansk exigiram não apenas salários mais altos, mas também o reconhecimento oficial de um sindicato livre. É notável que a classe trabalhadora, que supostamente era a classe dominante na "ditadura do proletariado", foi a força que repetidamente se rebelou contra os governantes do país e deu peso ao descontentamento deles com greves e manifestações. O governo comunista foi finalmente forçado a ceder às demandas dos trabalhadores e reconhecer oficialmente o sindicato — cerca de dez milhões de poloneses logo se juntaram ao Solidariedade. Ao mesmo tempo, cada vez mais membros abandonaram o Partido Comunista. Até 1981, 350.000 membros haviam deixado o PZPR, esmagadoramente trabalhadores.[64]

A União Soviética estava com razão em ficar preocupada com esses acontecimentos, pois ameaçava enviar um forte sinal para outros estados socialistas. Na Polônia, as pessoas temiam que a União Soviética pudesse lançar uma intervenção militar, como havia feito em Berlim Oriental em 1953, Budapeste em 1956 e Praga em 1968. Em 13 de dezembro de 1981, o governo impôs lei marcial na Polônia e prendeu o líder popular dos trabalhadores, Lech Walesa. O Solidariedade e toda a oposição foram forçados a operar clandestinamente.

A situação econômica continuou a piorar e, no final dos anos 1980, o país foi envolvido por uma nova onda de greves gerais. O governo polonês teve pouca escolha senão concordar com as chamadas "mesas redondas", que começaram em fevereiro de 1989. Essas conversações envolveram não apenas o partido comunista PZPR, mas também o sindicato Solidariedade e a Igreja Católica, que era ainda mais poderosa e influente na Polônia na época do que é hoje. Um resultado da Mesa Redonda foi a legalização do Solidariedade; outro foi a realização de eleições, que, embora não estivessem de acordo com os padrões de eleições livres em países democráticos, eram bastante diferentes das típicas eleições fraudadas realizadas em estados comunistas. Foram realizadas eleições livres para 161 dos 460 assentos no parlamento polonês, o *Sejm*. Nas eleições anteriores, os candidatos vinham todos do PZPR ou de outros partidos leais ao regime; agora, pela primeira vez, candidatos independentes puderam concorrer. Além disso, as conversações asseguraram a reintrodução de uma segunda câmara no parlamento, o Senado. Aqui foi garantida uma eleição totalmente livre para os 100 assentos. A eleição do *Sejm* em 4 de junho de 1989 viu o Comitê Cívico do Solidariedade alcançar maioria absoluta nos assentos disputados livremente no primeiro turno de votação. Após o segundo turno de votação, ficou claro que, além dos 161 deputados do Solidariedade no *Sejm*, 99 dos 100 candidatos do partido para o Senado também haviam vencido.

Balcerowicz e suas reformas econômicas

Enquanto isso, a situação econômica na Polônia socialista parecia desesperadora. Até mesmo setores dentro do partido governante já haviam percebido que a única coisa que poderia salvar a Polônia era aumentar a liberdade empreendedora. Portanto, em 27 de setembro de 1988, o empresário Mieczysław Wilczek, que havia sido conselheiro de vários comitês do *Sejm* desde 1985, foi nomeado ministro da Indústria (Minister przemysłu) pelo primeiro-ministro Mieczysław Rakowski. Wilczek ocupou seu cargo ministerial até o final do mandato de Rakowski, quando foi substituído por Tadeusz Syryjczyk em 12 de setembro de 1989. Em 1988, Wilczek apresentou um projeto de lei sobre a atividade comercial (*ustawa o działalności gospodarczej*, também conhecida como Ustawa Wilczka, ou Lei Wilczek), que iniciou o estabelecimento de pequenas empresas nos últimos meses da República Popular da Polônia. Em termos simples, a lei permitia que todo cidadão polonês se envolvesse em qualquer atividade econômica que desejasse.

O fato de os comunistas governantes terem aceitado tal lei foi um ato de desespero que tem sido comparado à Nova Política Econômica de Lenin.[65] Nos primeiros anos da década de 1920, até mesmo o líder da Revolução de Outubro na União Soviética foi obrigado a reconhecer que a continuação da política econômica radical dos comunistas teria ameaçado as próprias bases do poder soviético. A produção industrial já havia caído para um décimo do nível de 1913, e as pessoas estavam passando fome. Em resposta, Lenin iniciou uma virada em sua abordagem e propôs uma Nova Política Econômica, que foi adotada no Décimo Congresso do Partido Comunista Russo em março de 1921. Lenin admitiu que "sofremos uma derrota muito severa no âmbito econômico".[66] Lenin foi inteligente o suficiente para perceber que a única solução disponível era "voltar ao capitalismo de modo considerável — até que ponto, não sabemos".[67] Essas são as próprias palavras usadas por Lenin para formular sua mudança de política.

A Nova Política Econômica da União Soviética legalizou a produção voltada para o lucro, a propriedade privada na produção de bens de consumo e a aquisição de riqueza. Também integrou os camponeses ao sistema econômico por meio da introdução de um "imposto natural".

Lenin permitiu que empresas estatais alugassem suas fábricas para indivíduos privados e colocassem assuntos financeiros, logísticos e empreendedorismo em mãos privadas. Em julho de 1921, a liberdade de comércio foi até restaurada para artesãos e pequenas empresas industriais.[68]

A Lei de Wilczek na Polônia foi ainda mais longe. Incluiu, por exemplo:

> Artigo 1: A condução de atividades comerciais é livre e permitida para todos em igualdade de direitos, desde que cumpram as condições estabelecidas pelas normais legais.
> Artigo 2: Uma entidade que realiza atividades comerciais, doravante denominada 'entidade comercial', pode ser uma pessoa física, pessoa jurídica ou unidade organizacional sem personalidade jurídica, estabelecida de acordo com as disposições legais.
> Artigo 4: As entidades comerciais podem, como parte de suas atividades comerciais, realizar atos e ações que não sejam proibidos por lei.
> Artigo 5: Uma entidade comercial pode empregar um número ilimitado de funcionários sem a intervenção das autoridades de emprego.[69]

Muitos poloneses devem ter considerado a nova lei como o maior dos presentes de Natal, especialmente porque foi aprovada em 23 de dezembro de 1988. O empreendedor Roman Kluska, fundador da Optimus, lembra como de repente ficou incrivelmente fácil criar um novo negócio: "Para aprender a administrar uma empresa naquela época, bastava ler algumas leis: o Código Comercial, a Lei Tributária, a Lei Aduaneira e o Código do Trabalho. Fiz isso da noite para o dia. Havia dezenas de milhares de pessoas como eu na Polônia naquela época. Cada um criou um pequeno negócio e começou a trabalhar. Trabalho e inteligência eram as únicas coisas que importavam. Esses foram tempos bonitos. Nenhum funcionário tinha muito a dizer, e a lei tributária era tão simples que, quando havia uma inspeção, eu nem precisava oferecer uma xícara de chá ao inspetor."[70]

O resultado foi impressionante, e a lei desencadeou uma onda de iniciativas empreendedoras. Os poloneses esperaram pela liberdade econômica por tanto tempo, e agora ela finalmente parecia ter chegado. Sebastian Stodolak, vice-presidente do Instituto Empresarial de Varsóvia, explica que: "o empreendedorismo dos poloneses, reprimido por anos, finalmente foi liberado. Os poloneses montaram barracas, barracas móveis de estanho dobráveis, e começaram a comercializar. Eles tiraram o dinheiro 'escondido debaixo dos travesseiros' e começaram a criar negócios. Cerca de dois milhões de empresas foram criadas e seis milhões de empregos foram criados no período de cerca de doze meses".[71]

Até então, a atividade empresarial privada ocorria em condições absurdas. Alicja, do Arquivo Karta, lembra: "Em meados de 1988, um amigo me ofereceu um emprego em uma empresa de informática recém-estabelecida que desejava ajudar pessoas que vinham do submundo, ex-prisioneiros perseguidos e assim por diante. A empresa importava computadores de Singapura e Hong Kong. Foi um processo muito difícil, pois os computadores só podiam ser comprados por pessoas físicas 'para uso pessoal'. O risco era alto e você tinha que esperar muitas semanas por um pacote que nunca tinha certeza se realmente chegaria. Mas se você conseguisse um computador, você poderia 'dar' depois para outra pessoa. Por exemplo, uma tia daria o computador ao sobrinho, e somente ele, por sua vez, poderia vender o computador através de nossa empresa [...] Era loucura e você tinha que ser muito criativo para contornar as regulamentações sem sentido. Mas o lucro com a venda de um computador era enorme! Meu marido e eu também compramos um computador — graças à ajuda de um amigo 'experiente' e dinheiro emprestado."

As reformas de Mieczyslaw Wilczek foram as últimas de muitas tentativas de implementar mudanças dentro do sistema socialista — uma tentativa que já apontava para além do próprio sistema. Por um lado, as reformas tiveram um impacto positivo, mas, por outro lado, também houve aspectos negativos, como menciona Marcin Zielinski: "Como solução parcial, isso poderia levar à oligarquização da economia, uma vez que permitia à *nomenklatura* (altos funcionários) colher benefícios econômicos de sua posição social. Por exemplo, muitas empresas privadas foram fundadas por membros da *nomenklatura* que dirigiam empresas estatais com as quais cooperavam como proprietários do negócio. O incentivo era obter lucros com empresas privadas e prejuízos com as estatais e, por fim, levá-las à falência para possibilitar a aquisição."

Como mencionado, cada vez mais pessoas na Polônia estavam percebendo que a economia planificada não estava funcionando. Vários economistas até começaram a pensar em como superar o sistema. Um deles era Leszek Balcerowicz, que, mais tarde, desempenharia um papel importante na transformação da economia polonesa. Balcerowicz nasceu em Lipno em 1947 e estudou comércio exterior na Escola Central de Planejamento e Estatística de Varsóvia, "provavelmente a faculdade de economia mais liberal dos países socialistas".[72] Ele concluiu seu doutorado em 1975 — sua tese de doutorado foi baseada em um extenso estudo da literatura ocidental sobre mudança técnica. Nos finais dos anos 1960, ele ingressou no Partido Operário Unificado Polonês (PZPR) porque acreditava que a única maneira de promover mudanças era de dentro do partido. Na época, quase ninguém acreditava que o sistema socialista de partido único chegaria ao fim, muito menos de maneira pacífica.

Balcerowicz recebeu uma bolsa de estudos para os Estados Unidos nos anos 1970, onde concluiu seus estudos com um MBA, uma conquista excepcional para um polonês sob as condições políticas da época. Enquanto o Solidariedade estava sendo formado, ele fundou uma equipe para elaborar planos de reforma econômica. Assim como outros reformistas, começou com ideias que levariam a uma economia de mercado e competição dentro do quadro de um sistema socialista, mas logo percebeu que nenhuma mudança real era possível dentro das restrições de uma economia planejada. "Fiquei impressionado com a ingenuidade do 'lado socialista' representado por Oskar Lange et al. e a razoabilidade do campo 'antissocialista', representado por Ludwig von Mises e Friedrich August von Hayek. Concordei plenamente com a irônica previsão de von Mises de que a reforma eficaz do socialismo requer um retorno ao capitalismo."[73]

Balcerowicz estudou casos de sucesso econômico — Taiwan, Coreia do Sul e as reformas econômicas de Ludwig Erhard na Alemanha — e comparou-os com as tentativas inúteis de implementar reformas nos sistemas socialistas. Na primavera de 1989, escreveu um artigo sobre a necessidade de reformas na Polônia, no qual argumentou a favor de liberalizações rápidas. Naquela época, ele não tinha ideia de que alguns meses depois seria responsável por reformar a economia polonesa. Ele nem mesmo planejava entrar na política.

Contudo, as eleições de junho de 1989, que terminaram com uma vitória avassaladora do Solidariedade, mudaram tudo — incluindo sua própria vida. No final de agosto de 1989, o novo primeiro-ministro polonês, Tadeusz Mazowiecki, convidou Balcerowicz para ser o seu Ludwig Erhard (Ludwig Erhard havia introduzido a economia de mercado na Alemanha Ocidental após a Segunda Guerra Mundial). De 1989 a 1991, Balcerowicz atuou como vice-primeiro-ministro e ministro das finanças nos primeiros governos não comunistas sob Mazowiecki e seu sucessor, Jan Krzysztof Bielecki.

As condições macroeconômicas iniciais da Polônia eram particularmente difíceis — mais que em muitos outros países socialistas. Além dos problemas gerais enfrentados por todas as economias planificadas socialistas, a Polônia estava sofrendo com inflação descontrolada e uma montanha de dívidas. O peso de suas dívidas para credores ocidentais havia crescido cada vez mais, e, em 1984, a Polônia era o terceiro maior devedor do mundo.[74] A dívida externa bruta da Polônia (principalmente para países capitalistas) cresceu de 1,1 bilhão de dólares em 1971 para 40 bilhões de dólares em 1989, mais do que em qualquer outro país socialista.[75] Em 1989, a inflação anualizada era de 640 por cento na Polônia, em comparação com 18,9 por cento na Hungria, 10 por cento na Bulgária e apenas 1,5 e 0,6 por cento na Tchecoslováquia e na Romênia, respectivamente.[76]

Outra condição inicial à primeira vista pode parecer positiva, mas na verdade tinha um lado muito negativo. Como mencionado anteriormente, e em contraste com outros países socialistas, as tentativas de coletivização em larga escala da agricultura na Polônia foram interrompidas quando a resistência dos camponeses se mostrou muito forte. "No entanto, o tamanho médio das 2,7 milhões de propriedades privadas era de apenas 7,2 hectares, e 30 por cento das propriedades tinham menos de 2 hectares."[77] Em comparação, na Alemanha Ocidental a área cultivada por um único agricultor aumentou de 2,9 para 12,5 hectares entre 1950 e 1989. A extrema fragmentação das terras agrícolas foi uma das condições iniciais negativas na Polônia.

Esses eram apenas fatores específicos da Polônia que tornaram a situação no país particularmente difícil. É claro que os mais importantes eram os mesmos problemas que todo sistema econômico planificado acarreta: a ausência de preços reais, porque os preços eram definidos pelo Estado; a ausência de concorrência; o foco em metas de produção estabelecidas pelo plano e não pelo lucro — todos esses são os fatores que Ludwig von Mises já havia identificado em 1922 em seu livro *Socialismo: uma análise econômica e sociológica* como as razões pelas quais o socialismo não poderia funcionar.

Provavelmente, a principal percepção de Balcerowicz e a razão para o sucesso de seu programa de reforma foi que uma série progressiva de reformas menores não resolveria nenhum desses problemas. A única maneira de mudar a situação era por meio de reformas rápidas, abrangentes e radicais em todos os setores da economia. Balcerowicz também tinha uma boa intuição política, o que era um tanto incomum para um economista. Essa intuição lhe dizia: há apenas uma janela muito curta de oportunidade para as reformas em uma situação tão problemática. Ou você aproveita essa janela de oportunidade para implementar medidas de reforma decisivas e rápidas, ou hesita e se torna difícil ou até impossível implementar as etapas necessárias. "A principal razão para o sucesso das reformas econômicas polonesas", explicou Balcerowicz, "parece ser a grande rapidez de sua fase inicial, quando os fundamentos de um sistema econômico liberal e da estabilidade macroeconômica foram estabelecidos. Foi mais fácil para os apoiadores das reformas orientadas para o mercado defendê-las como um *fait accompli* do que teria sido conceber reformas gradualmente diante de uma forte oposição populista no Parlamento após as eleições de outubro de 1991."[78]

Qual foi a estratégia de Balcerowicz e como ele a implementou? No curto prazo, tratava-se de conter a inflação por meio da introdução de uma política monetária adequada. Além disso, o problema da dívida externa precisava ser abordado por meio de negociações com os credores. No entanto, os credores só considerariam uma redução da dívida se vissem que a Polônia implementaria reformas de economia de mercado. Era isso que Balcerowicz pretendia fazer de qualquer maneira, mas agora ele tinha um argumento adicional para fazê-lo ao apontar para os credores estrangeiros do país. Ao mesmo tempo, ele esperava que a liberalização radical dos preços melhorasse o fornecimento de bens no curto prazo, e que isso permitisse às pessoas perceber como as reformas estavam melhorando suas vidas cotidianas.

Balcerowicz também se propôs a criar as instituições que desempenham um papel fundamental no funcionamento de uma economia capitalista, como um banco central independente e uma bolsa de valores. Além disso, seu programa de reforma previa a privatização de empresas estatais e a introdução de controles de importação e exportação. O ministro elaborou seu plano, que logo foi chamado de Plano Balcerowicz. Ele foi adotado pelo governo entre o final de 1989 e fevereiro de 1990, e aprovado pelo parlamento polonês em julho de 1990. Outras reformas se seguiram, incluindo uma lei de seguros, uma lei de falências e uma reforma tributária.

As reformas foram um grande sucesso. A inflação diminuiu significativamente: o índice de preços ao consumidor anualizado nos últimos cinco meses de 1989 ficou em cerca de 3.000 por cento. A inflação do IPC (fim do ano) em 1990 foi de 249 por cento, em 1991 de 60,4 por cento, em 1992 de 44,3 por cento e em 1993 de 37,6 por cento.[79] Como se vê, a inflação foi muito reduzida, embora ainda fosse alta. Balcerowicz disse o seguinte sobre esses números: "Embora o nível de inflação ainda esteja claramente muito alto, deve-se comparar a desinflação da Polônia com a de países latino-americanos com alta inflação. No Chile e no México, foram necessários cerca de sete anos para reduzir a inflação de três dígitos para entre 15 e 20 por cento. Deve-se ressaltar que a desinflação na Polônia ocorreu enquanto os preços relativos foram radicalmente alterados e isso exigiu aumentos substanciais em alguns preços importantes, especialmente os de energia."[80]

Um resultado importante das reformas econômicas de Balcerowicz foi que a Polônia foi inundada com produtos em maior número e de melhor qualidade. Até Gavin Rae, que critica muitos aspectos da transformação do país (ele fala, por exemplo, em "vender empresas nacionais para capital estrangeiro"), admite: "lojas repletas de mercadorias geralmente de qualidade muito superior às normalmente disponíveis durante o socialismo. A economia de escassez foi destruída e, gradualmente, a disponibilidade de produtos de alta qualidade alcançou o nível do Ocidente."[81] Isso teve um impacto significativo na vida cotidiana das pessoas. Isso foi especialmente importante porque reformas radicais sempre resultam em alguns impactos negativos de curto prazo, que testam a paciência das pessoas. Portanto, foi ainda mais importante que a maioria dos poloneses também tenha experimentado os primeiros impactos positivos das reformas.

Uma consequência negativa previsível das reformas econômicas em todos os antigos estados socialistas era que o PIB diminuiria por alguns anos antes de voltar a crescer. Na Polônia, a queda foi de 11,6 por cento em 1990 e 7,6 por cento em 1991. No entanto, o PIB da Polônia cresceu 1,5 por cento em 1992 e 4 por cento em 1993.[82] Gavin Rae, um crítico da "terapia de choque econômica" em geral, não tem outra escolha senão admitir em seu livro *Poland's return to capitalism (O retorno da Polônia ao capitalismo)*: "Apesar de sua gravidade, a queda do PIB foi relativamente suave em relação a muitos outros países da Europa Central e Oriental. Outra característica da transição polonesa foi que o crescimento retornou mais rapidamente do que em qualquer outra economia da ECO."[83]

Ao interpretar esses dados, é importante lembrar que os níveis do PIB durante o socialismo foram muito inflados devido a investimentos desperdiçados e enormes gastos militares. Na verdade, o desempenho econômico da Polônia foi melhor do que as estatísticas oficiais, que, por exemplo, não capturaram o rápido crescimento do setor privado (do qual uma proporção significativa poderia ser atribuída à economia "cinza", não oficial).[84]

O mesmo também é verdadeiro para as taxas de desemprego, que subiram de zero para 12 por cento em 1991 e depois novamente para 14 por cento em 1992, permanecendo nesse nível nos anos seguintes.[85] Números oficiais que pintassem um quadro negativo não eram permitidos em nenhum país socialista: não poderia haver desemprego, pobreza, crimes graves ou degradação ambiental. As pessoas eram contadas estatisticamente como empregadas, mesmo que não estivessem envolvidas em nenhuma atividade econômica verdadeiramente significativa. Com relação à Alemanha Oriental, por exemplo, o Instituto de Pesquisa Econômica calculou que 15 por cento da população, ou seja, 1,4 milhão de pessoas, estavam na realidade sem trabalho — mesmo que isso parecesse diferente no papel[86] e tecnicamente todos tivessem um emprego em alguma cooperativa, fábrica, loja, escritório governamental ou até mesmo um ministério ou outra instituição. Especialistas referem-se a isso como desemprego oculto. Na Polônia, a extensão desse desemprego oculto era ainda maior. Estimativas mostraram que, na década de 1980, o desemprego oculto envolvia uma proporção significativa da força de trabalho.

O maior desemprego foi registrado em 1981 e 1982. Na economia em geral, chegou a cerca de 29 por cento, e na indústria polonesa, até 38 por cento. Nos outros anos, oscilou entre 20 e 25 por cento na economia em geral e 30 e 35 por cento na indústria.[87]

É difícil estimar um cenário exato, mas o desemprego oculto pode ter chegado a 20 a 30 por cento.[88] Os comunistas foram muito criativos nos métodos que empregaram para esconder o desemprego — um artigo detalha como representações e estatísticas manipuladas foram usadas para esconder cerca de seis milhões de desempregados.[89]

Iwona Kienzler relata em seu livro *A vida na Polônia comunista: o terrível e o ridículo:*

> O Estado era o principal empregador. Ele tinha o monopólio sobre o trabalho, mas também tinha o dever de fornecer um emprego para cada cidadão. Além disso, um emprego para todos era garantido pela constituição de 1952, que obrigava o Estado a fornecer empregos e salários para todos. Como resultado, surgiu um paradoxo – o principal objetivo do trabalho era... comparecer ao trabalho. Fábricas e indústrias produziam basicamente empregos, já que os bens produzidos frequentemente não tinham absolutamente nenhum uso. Toda a situação foi perfeitamente capturada por uma piada popular:
> – Sr. Supervisor, eu e o Jozef decidimos parar de beber e fumar durante o trabalho.
> – Ok, ótimo. Mas o que vocês vão fazer então?[90]

Até os líderes comunistas contavam piadas entre si sobre o suposto desemprego inexistente no país. Em abril de 1987, o general Jaruzelski encontrou-se com o presidente soviético Gorbachev e disse a ele que os problemas da Polônia eram parcialmente causados pela ficção do pleno emprego. Ele ilustrou isso com uma piada: "Dois sujeitos estão empurrando o mesmo carrinho de mão. Alguém pergunta a eles: 'Por há dois de vocês para fazer isso?' Eles respondem: 'Porque o terceiro está de licença médica'."[91]

Com o fim do socialismo, o desemprego oculto tornou-se desemprego oficial. Era inevitável que as pessoas que trabalhavam em empresas estatais, que estavam longe de ser competitivas o suficiente para os mercados globais e não podiam abrir falência graças aos subsídios estatais, agora perdessem seus empregos e que seu desemprego oculto fosse adicionado às estatísticas oficiais de desemprego. As empresas estatais diminuíram, mas, ao mesmo tempo, inúmeras novas empresas foram criadas. Entre 1990 e 1993, mais de um milhão de novas empresas privadas foram estabelecidas na Polônia.[92] A privatização das grandes empresas estatais não avançou tão rapidamente, mas muitas dessas empresas "passaram por uma redução radical ao vender ou arrendar ativos para o setor privado, o que contribuiu para o desenvolvimento desse setor".[93] Isso resultou em um crescimento enorme no emprego no setor privado. A contribuição do setor privado, excluindo agricultura e cooperativas, cresceu de 13,2 por cento do total da força de trabalho em 1989 para 34,4 por cento em 1992: "Se incluirmos agricultura e cooperativas, a parcela de emprego no setor privado salta para cerca de 60 por cento de emprego no final de 1992 e para cerca de 50 por cento do PIB".[94]

Pessoas comuns que antes trabalhavam como empregados ou funcionários públicos criaram seus próprios negócios ou tornaram-se autônomas: em uma carta à revista *Kobieta I Zycie*, Jaroslaw B. escreveu: "Eu era um simples funcionário em uma das instituições centrais na capital da Polônia. Eu ficava atrás de uma mesa, movendo papéis da direita para a esquerda, participando de longas reuniões que não resultavam em nada, de vez em quando recebia um pequeno aumento salarial, o que me deixava extremamente orgulhoso, e — como um homem com mais de 40 anos — comecei a desejar uma aposentadoria. Quando a decisão de dissolver meu escritório foi tomada, eu estava certo de que era o fim do mundo (...) Por coincidência, esbarrei em um velho amigo meu do colégio técnico no bonde número 15 em Varsóvia. Witus estava usando roupas da moda mais recente e começou a conversa reclamando que tinha acabado de deixar seu Volvo na garagem e tinha sido obrigado a se espremer em um bonde lotado. Naturalmente, quis saber como meu antigo colega estava ganhando a vida. Ele estava ganhando a vida com base em seu conhecimento. Ele me lembrou de que éramos técnicos economistas e que eu também me formei em uma faculdade de sociologia (...) Comecei muito devagar, com cautela, com o coração na boca, mas, de alguma forma, pouco a pouco, tudo se desenvolveu como eu esperava. Tirei meus livros de economia de debaixo da minha cama, contratei dois contadores de meu antigo escritório estatal central e descobri que trabalhar por conta própria era simplesmente fascinante."[95]

Muita gente foi conquistada pelo novo espírito do capitalismo e queria ganhar dinheiro, inclusive crianças. Maciej Duszynski escreveu em uma carta para a revista *Cash* em 1993: "Meu nome é Maciej Duszynski e tenho dez anos. Meu pai lê a *Cash* e foi assim que eu a encontrei. Gostaria que houvesse uma revista assim para crianças, para nos ensinar economia e capitalismo e nos dizer como ganhar dinheiro honestamente."[96]

O crescimento do setor privado levou a um declínio na concentração prejudicial da economia em grandes empresas estatais. O número de funcionários em empresas industriais com entre 51 e 100 funcionários aumentou em 202 por cento entre 1989 e 1991, enquanto o número de funcionários que trabalhavam em empresas com mais de 5.000 funcionários diminuiu em 35,6 por cento.[97]

A Polônia de repente também se tornou atraente para investidores estrangeiros. Em 1989, empresas estrangeiras investiram modestos US$60 milhões na Polônia; até 1993, esse valor aumentou para US$1,5 bilhão.[98] Gavin Rae critica isso como uma entrega aos estrangeiros, mas isso é absurdo, já que os investimentos estrangeiros raramente estavam ligados a privatizações. Mais de 80 por cento dos investimentos estrangeiros na década de 1990 não tinham relação nenhuma com privatizações. Na verdade, os investimentos estrangeiros foram um aspecto importante da integração da Polônia à economia global, que teve um impacto muito rápido e positivo no dia a dia dos poloneses. Por exemplo, em famílias de trabalhadores administrativos e industriais, a posse de rádios estéreos aumentou de 22,6 por cento para 40,8 por cento entre 1989 e 1992, e a posse de televisores coloridos subiu de 50,7 por cento para 91,4 por cento. Em 1989, menos de 5 por cento dessas famílias possuíam um videocassete; até 1992, mais da metade possuía. A proporção de trabalhadores administrativos e industriais que tinham uma máquina de lavar, um freezer ou um carro também aumentou pelo menos dez pontos percentuais em cada caso entre 1989 e 1992.

O aumento entre as famílias de aposentados foi ainda maior: em 1989, apenas 5,4 por cento dos aposentados possuíam um rádio estéreo; até 1992, esse número aumentou para 13,4 por cento. A proporção que possuía um videocassete subiu de 0,7 por cento para 13,5 por cento, e, enquanto apenas 30,4 por cento dos agricultores possuíam seu próprio carro em 1989, em 1992, o número era de 41,7 por cento. Entre as famílias de aposentados, a porcentagem que possuía um carro aumentou de 9,2 por cento para 15 por cento nesse curto período.[99]

Ainda mais notáveis do que os sucessos de curto prazo foram os efeitos de longo prazo das reformas econômicas da Polônia. Em 2017, o economista Marcin Piatkowski publicou um livro, *Europe's growth champion (Campeão de crescimento da Europa)*, no qual faz um balanço após 25 anos: "No entanto, 25 anos depois, é a Polônia que se tornou a líder incontestável da transição e a campeã de crescimento da Europa e do mundo. Desde o início da transição pós-comunista em 1989, a economia da Polônia cresceu mais do que em qualquer outro país da Europa. O PIB *per capita* da Polônia aumentou quase duas vezes e meia, superando todos os outros estados pós-comunistas, bem como a zona do euro."[100]

De acordo com dados do Banco Mundial, o PIB *per capita* em 1989 era 30,1 por cento do valor correspondente nos EUA e havia aumentado para 48,4 por cento do nível dos EUA até 2016.[101] Esses ganhos refletiram-se na vida das pessoas. A renda dos poloneses aumentou de cerca de US$ 10.300 em 1990, ajustados ao poder de compra, para quase US$ 27.000 em 2017.[102]

Em comparação com os UE-15, a renda dos poloneses era inferior a um terço em 1989 e havia aumentado para quase dois terços em 2015. Apesar de a Alemanha Oriental ter recebido bilhões em subsídios da Alemanha Ocidental, a renda dos poloneses — em termos relativos — melhorou mais do que a dos alemães orientais.[103] O crescimento da Polônia também foi notável em termos globais — a economia do país conseguiu crescer mais rápido do que os países asiáticos de alto crescimento, como Coreia do Sul, Singapura e Malásia.[104] "A Polônia está perto de superar o mundo na persistência do crescimento econômico: ela cresceu sem interrupções de 1992 a 2017, 25 anos seguidos, superando os registros históricos de Coreia do Sul, Singapura e Japão".[105] Então, infelizmente, a crise do corona veio e levou a uma queda, como aconteceu em quase todos os países.

Os anticapitalistas reclamam que os ricos se beneficiam mais do crescimento econômico que os pobres. Se compararmos as rendas dos poloneses entre 1989 e 2016, podemos de fato ver que a renda dos dez por cento mais ricos aumentou 135 por cento, enquanto a renda média cresceu "apenas" 100 por cento e as dos dez por cento mais pobres em 40 por cento.[106] Qualquer um que esteja principalmente interessado na questão da desigualdade criticará essa evolução, enquanto qualquer um que esteja principalmente interessado em erradicar a pobreza notará que, acima de tudo, todos os setores da população se beneficiaram.

Mais importante ainda, os pobres de 20 anos atrás não são de modo algum exatamente as mesmas pessoas que são pobres hoje. Quando se trata de pobreza, as análises frequentemente assumem erroneamente que as categorias de renda e população sempre se referem às mesmas pessoas do mundo real. Isso ignora completamente o que é mais importante, ou seja, a questão de quais oportunidades de progresso uma pessoa desfruta. A mobilidade social na Polônia é muito alta. "Uma série de grandes pesquisas sociológicas com mais de 30.000 entrevistados realizadas durante 2011-2015 revelou que mais de 40 por cento das famílias dos 20 por cento mais pobres moveram-se para níveis mais altos, enquanto 40 por cento das famílias nos 20 por cento mais ricos moveram-se para níveis de renda mais baixos."[107] No entanto, a mudança para um nível de renda mais baixo não necessariamente tem que ser sinônimo de uma diminuição na renda absoluta. Portanto, quem é classificado como pobre em termos relativos de maneira alguma precisa continuar sendo pobre, e o contrário também é verdade, é claro: os ricos não têm garantia de continuarem ricos. Essa é a essência de uma verdadeira economia de mercado — e é o que aconteceu na Polônia.

Não foi apenas o padrão de vida que melhorou drasticamente, a situação ambiental também. Os anticapitalistas culpam as empresas capitalistas privadas em busca de lucro pela destruição ambiental. No entanto, na verdade, a destruição ambiental era muito pior nos países socialistas. Os níveis de poluição da água e do ar na Polônia diminuíram rapidamente após o fim do socialismo. Isso não ocorreu principalmente devido à redução do PIB, já que a diminuição da poluição do ar e da água foi muito mais significativa. "A quantidade de água residual despejada nos rios em 1992 foi 40 por cento menor do que em 1989, a de poluentes líquidos diminuiu 50 por cento e a emissão de poluentes gasosos diminuiu 40 por cento."[108]

A qualidade do ar também melhorou significativamente. De 1990 a 2019, o número de mortes na Polônia atribuíveis à poluição do ar diminuiu significativamente, de um pico de 51.800 para 31.100 pessoas.[109] Como aponta Piatkowski: "Em 1980, a quantidade de energia necessária para produzir uma unidade de produção e a poluição correspondente eram quase oito vezes maiores na Europa Central e Oriental do que na Europa Ocidental. Na região industrializada da Silésia, na Polônia, a concentração de benzopireno no ar era dez vezes maior que no Ocidente, levando a doenças respiratórias e morte prematura. A transição salvou o meio ambiente. A intensidade energética, uma proporção de consumo de energia em relação ao PIB, na Polônia e entre seus pares regionais, diminuiu a um ritmo globalmente sem precedentes, de 12.910 Btu por dólar em 1990 para apenas 6.000 Btu em 2011, apenas 20 por cento a mais do que na Alemanha."[110]

O desenvolvimento na Polônia é o mesmo que em outros países capitalistas desenvolvidos: crescimento desvinculado das emissões de CO_2, o que é bastante crucial para a questão das mudanças climáticas. As emissões de CO_2 aumentaram acentuadamente nas décadas de 1960 e 1970. "Apesar de uma pequena queda devido a várias falhas econômicas, o nível ainda ultrapassava 11 toneladas métricas *per capita* no final dos anos 1980. A transformação mudou significativamente esse cenário e em menos de dez anos as emissões atingiram cerca de 8 toneladas métricas *per capita*. Além disso, há uma crescente eficiência dos negócios, já que cada vez menos quilogramas de CO_2 foram emitidos por um PIB em constante crescimento".[111] Mesmo hoje, apesar do forte crescimento da economia polonesa, as emissões mantiveram-se estáveis em cerca de 8 toneladas métricas *per capita*.[112]

Acima de tudo, os poloneses estão muito mais felizes hoje. Em 2015, 80 por cento dos poloneses estavam satisfeitos com suas vidas, em comparação com apenas 50 por cento no início da transição capitalista em 1992.[113] A expectativa de vida, que era de 70,7 anos ao nascer na Polônia em 1990, havia aumentado para 78,5 anos em 2020.[114]

O que podemos aprender com o que aconteceu na Polônia?

O que outros países podem aprender com a Polônia? Primeiro, que é importante ter alguém à frente do processo de reforma que tenha um sistema claro de coordenadas de economia de mercado. Esse foi o caso na Alemanha após a Segunda Guerra Mundial, com Ludwig Erhard, e também na década de 1980, quando Margaret "Maggie" Thatcher, na Grã-Bretanha, e Ronald Reagan, nos Estados Unidos, lideraram seus países para fora da crise e rumo ao sucesso. Na Polônia, foi Leszek Balcerowicz quem contribuiu decisivamente para o sucesso econômico do país. Assim como Thatcher, Balcerowicz era admirador de Hayek. Embora Marcin Piatkowski, autor de *O campeão de crescimento da Europa*, frequentemente citado aqui, certamente não seja discípulo de Hayek, ele admite que, se não fosse por Leszek Balcerowicz, o milagre polonês jamais teria acontecido.[115]

No entanto, talvez o fator mais crucial no sucesso das reformas foi que Balcerowicz entendeu que elas deveriam ser implementadas rapidamente, porque havia apenas uma pequena janela de oportunidade antes que a mídia e oponentes políticos usassem *slogans* populistas para agitar a opinião pública contra elas. Balcerowicz chegou à conclusão: "Baseado em meus estudos anteriores sobre reformas e minha percepção de quão dramática era a situação econômica da Polônia em 1989, eu estava profundamente convencido de que somente uma estratégia radical poderia ter sucesso; embora fosse arriscado, porque a Polônia em 1989 estava explorando territórios em grande parte desconhecidos. Estava claro para mim que era melhor uma estratégia arriscada do que uma que não tinha chance alguma. Foi essa suposição ponderada e não um radicalismo emocional que me deu a força psicológica para promover e persistir com reformas radicais."[116]

O termo "terapia de choque" foi amplamente adotado, e vou usá-lo também, embora Balcerowicz aponte que a palavra carrega conotações inerentemente negativas: "A própria expressão 'terapia de choque' assusta as pessoas comuns e, de fato, tem sido frequentemente usada com esse propósito".[117] As reformas, segundo Piatkowski, "foram implementadas em uma velocidade sem precedentes". Muitas foram introduzidas em um estilo *big bang* em 1º de janeiro de 1990, apenas quatro meses após a formação do primeiro governo pós-comunista. "O programa de reforma estava entre os programas de reforma econômica mais radicais já implementados em tempos de paz na história global".[118]

Diversos motivos exigiram que medidas fossem tomadas tão rapidamente. A primeira era a dramaticidade da situação — esse era um país à beira da hiperinflação, os bens estavam em falta em todos os lugares e todos podiam ver que algo precisava ser feito rapidamente. Contudo, as reformas rápidas também eram importantes por uma razão psicológica: "Todos precisavam saber que o comunismo tinha ido embora para sempre e se ajustar de acordo".[119] Porque, é claro, havia elites antigas que se opunham às reformas, e era importante frustrar suas esperanças de um retorno ao socialismo. A eficácia da abordagem de "terapia de choque" foi comprovada pelo fato de a Polônia ter sido o primeiro país pós-socialista que, após uma breve recessão, retomou o crescimento já em 1992. Estudos comparativos das reformas em outros países pós-comunistas mostraram que, "quanto mais rápido o ritmo das reformas, mais rápida é a recuperação e maior é o crescimento".[120]

Uma análise publicada em 2016, intitulada "25 years of reform in ex-communist countries" ("25 anos de reformas nos países ex-comunistas"), claramente refuta a tese dos defensores de reformas graduais ("gradualistas"), como Joseph Stiglitz, que argumentam contra as reformas rápidas e radicais: "Um argumento-chave para o gradualismo era que reformas muito rápidas causariam grande sofrimento social. Na realidade, os reformistas rápidos experimentaram recessões mais curtas e se recuperaram muito antes dos reformistas graduais".[121] O PIB *per capita* cresceu mais rápido em países como a Polônia, que implementaram reformas radicais, do que em outros países ex-socialistas. Eles também atraíram níveis muito mais altos de investimento estrangeiro.[122] A análise de longo prazo comprova que é possível identificar o vencedor nas primeiras etapas da corrida: "o padrão básico — de quem liderou o processo de reforma e quem ficou para trás — foi estabelecido nos primeiros quatro a cinco anos".[123]

Em todas as nações que anteriormente adotavam o sistema socialista, as reformas tiveram um impacto negativo nos primeiros anos, resultando em recessão e aumento da pobreza. O desemprego que antes era oculto e a má distribuição de recursos foram expostos a todos. No entanto, países como a Polônia, que aplicaram reformas radicais de maneira antecipada, foram os que mais rapidamente superaram essa fase difícil, e a pobreza diminuiu de maneira mais acelerada após esse período de dificuldades em comparação com nações que implementaram reformas menos radicais.[124] Até mesmo após 25 anos, era evidente que países como a Polônia, que abraçaram reformas radicais rapidamente, encontravam-se em uma posição significativamente melhor do que aqueles que optaram por mudanças menos radicais.[125] Claro, argumenta Balcerowicz, que a maioria das reformas econômicas bem-sucedidas inevitavelmente leva à insatisfação, "mas pouca ou nenhuma reforma mais cedo ou mais tarde gera ainda mais desilusão e frustração". Isso também ocorre devido ao fato de que muitas pessoas atribuem às reformas queixas e problemas sociais que são, na verdade, resultado de reformas que não foram suficientemente longe.[126]

A força de Balcerowicz residia na sua capacidade não apenas como economista competente, mas também em compreender os mecanismos da política e da opinião pública. Com o fim do socialismo na Polônia, o país passou a desfrutar de liberdade de imprensa, o que era um avanço significativo. No entanto, isso também trouxe complicações para o processo de reforma: a imprensa uniforme durante o socialismo mascarava problemas e retratava a situação de maneira mais otimista. Por outro lado, uma imprensa livre frequentemente foca em destacar queixas e problemas, seguindo o ditado antigo de que "a única notícia boa é a notícia ruim". Era previsível, portanto, que a mídia na Polônia rapidamente se voltasse para problemas que eram atribuídos às reformas, seja de forma justa ou equivocada.[127] Essa cobertura também teria um impacto significativo no comportamento dos eleitores.

Na Polônia, ocorreram eleições em 27 de outubro de 1991. Essa situação não era a ideal para os reformistas, pois teria sido mais benéfico se eles tivessem mais quatro anos até a próxima eleição, quando a Polônia já estaria experimentando crescimento econômico novamente e os efeitos positivos das reformas estariam começando a ser percebidos por mais pessoas da população. Em contrapartida, o ano de 1991 foi desafiador, marcado pelo segundo ano de recessão e queda do PIB. Nessa eleição, 60 partidos estiveram na disputa (e 28 deles conseguiram assentos no parlamento). A maioria desses partidos adotou uma postura crítica em relação às reformas econômicas conduzidas pelo grupo liderado por Balcerowicz.[128] Os meios de comunicação da Polônia estavam cheios de notícias negativas e pediam uma mudança de rumo, argumentando que as reformas capitalistas estavam piorando a situação em vez de melhorar. "Especialmente em 1991, na Polônia, os meios de comunicação bombardearam o público com mensagens de que a economia do país estava enfrentando uma catástrofe e que era necessário um programa radicalmente novo para melhorar a situação rapidamente. O programa proposto tinha três elementos familiares: afrouxamento das políticas monetárias e fiscais, protecionismo e intervenção do Estado na indústria."[129]

Muitos problemas que tinham sido escondidos durante o período socialista, como o desemprego oculto, agora vieram à tona. Os *slogans* populistas que culpavam as reformas capitalistas por esses problemas tiveram impacto na população, pois não se compreendia amplamente que "muitos dos fatos econômicos dos primeiros anos da transição tinham raízes não apenas na própria transformação, mas sim em mais de 40 anos de socialismo", escreve Marek Tatała. "As reformas que visavam liberar a economia e os indivíduos apenas destacaram as falhas do sistema anterior. O desemprego oculto, o excesso de empregos ou as enormes ineficiências, impulsionados pela propriedade estatal em massa e pelo planejamento central, mostraram-se extremamente custosos. Na verdade, o sistema estava dominado por falsidades econômicas."[130]

O fator mais importante foi que, além dos problemas que sempre surgem durante uma fase de transição como essa, também houve impactos positivos que as pessoas sentiram em suas vidas cotidianas. Talvez o mais importante deles tenha sido que a escassez de produtos e as prateleiras vazias que eram tão típicas das economias socialistas foram rapidamente superadas pelas reformas de preços e pela liberalização. Ter acesso a uma ampla variedade de mercadorias convenceu muitas pessoas de que a situação estava melhorando.[131]

Havia outro fator importante: a participação dos funcionários no setor privado (excluindo a agricultura) subiu de apenas 13,2 por cento em 1989 para 34,4 por cento em 1992. Estudos mostram repetidamente que os funcionários do setor privado geralmente oferecem um apoio maior às reformas de economia de mercado do que os funcionários das empresas estatais. Nesse sentido, a privatização também teve uma importante dimensão política e fortaleceu as forças reformistas.[132]

Toda reforma produz vencedores e perdedores. Há pessoas que se adaptam rapidamente às novas condições e reconhecem as oportunidades do capitalismo. Eles estão entre aqueles que apoiam as reformas. Há outros que não conseguem ou não querem se adaptar tão rapidamente e que se beneficiam menos das reformas.[133] Esse segundo grupo é cético em relação às reformas e é alvo de populistas, que não sabem nada sobre economia, mas sabem muito sobre como mobilizar a inveja e as inseguranças das pessoas.

Um novo governo foi formado após as eleições de outubro de 1991. Balcerowicz deixou o governo em 18 de dezembro de 1991, "muito cansado e sem intenção de retornar";[134] mas, a partir de 1995, ele foi presidente do maior partido pró-mercado da Polônia, a União da Liberdade, e, de outubro de 1997 a dezembro de 2000, ele novamente atuou como vice-primeiro-ministro e ministro das Finanças.[135] Seu segundo mandato no cargo foi caracterizado por condições externas difíceis, já que as crises asiática e russa abalaram os mercados financeiros em 1998. Durante esse período, Balcerowicz concentrou-se nas seguintes questões:

Redução do peso da dívida da Polônia.

Privatização: a maioria do setor bancário, o grande setor metalúrgico, telecomunicações e muitas das empresas estatais restantes no setor de manufatura — mas não mineração e ferrovias.[136]

Desregulamentação: aqui ele teve apenas sucesso parcial, porque a liberalização necessária do mercado de trabalho falhou devido à resistência política.

Reforma tributária: suas reformas tributárias, que incluiriam um sistema de imposto de renda de taxa fixa, também fracassaram devido à resistência política, mas alguns elementos delas foram posteriormente implementados pelo antigo partido comunista, conhecido na época como SLD, e seus parceiros.[137]

Em dezembro de 2000, o segundo mandato de Balcerowicz terminou e, de 2001 a 2007, ele foi governador do Banco Nacional da Polônia. Então, as reformas dele foram muito radicais, como seus oponentes afirmam hoje? Teria sido melhor uma abordagem mais lenta e cautelosa? Os fatos dizem o contrário, como Piatkowski admite, apesar de ser mais um social-democrata e de modo algum defensor devoto do capitalismo como Balcerowicz. Por sua parte, Balcerowicz acreditava que os erros que cometeu foram, na maioria dos casos, resultado de conformidade e concessões. "Todos os principais erros foram erros de omissão: a equipe econômica, incluindo o Ministério das Finanças, aceitou propostas ruins de alguns outros ministérios, especialmente do Ministério do Trabalho, responsável pelas políticas sociais."[138]

Por exemplo, sua equipe aceitou que as pensões subissem de 43 por cento (1989) para 63 por cento (1992) do salário médio, o que criou um fardo significativo para o sistema de pensões. Balcerowicz também passou a acreditar posteriormente que poderia ter havido uma chance de introduzir um imposto de renda fixo em 1990, em vez de aceitar a proposta do FMI de um sistema convencional de imposto de renda progressivo, como foi introduzido em 1992. Ele também preferiria ter visto um ritmo mais rápido na privatização das grandes empresas estatais.[139] Apesar dessas autocríticas, as reformas de Balcerowicz marcaram um dos maiores sucessos econômicos dos últimos 50 anos, comparável apenas às reformas de Margaret Thatcher na Grã-Bretanha, Ronald Reagan nos Estados Unidos, Deng Xiao Ping na China e as reformas vietnamitas Doi Moi lançadas na metade dos anos 1980.

Os poloneses não devem esquecer as razões de seu sucesso

No entanto, sempre existe o risco de as pessoas esquecerem as causas por trás de sua prosperidade. Isso é válido para diversos países atualmente, como Estados Unidos, Alemanha, China ou Chile. Esse risco também existe na Polônia. Apesar de possuir um dos sistemas bancários mais sólidos e estáveis da União Europeia, Varsóvia nacionalizou vários bancos.[140] Além disso, embora mais de duas décadas de crescimento econômico tenham reduzido a proporção da dívida pública em relação ao PIB no país, nos últimos anos, o crescimento mais lento e o aumento dos empréstimos causaram uma inversão nessa tendência.[141]

Além disso, existem outros problemas: a Polônia está entre os países com um grave problema financeiro em relação a seu regime de pensão estatal de repartição de renda. Isso se deve a sua baixa taxa de natalidade, que está abaixo da média da União Europeia, e ao envelhecimento da sua população. É por essa razão que, em 2013, a coalizão PO-PSL, governante da época, composta pela Plataforma Cívica e pelo Partido Popular Polonês, aprovou uma legislação para gradualmente elevar a idade de aposentadoria para 67 anos. Nos anos seguintes, tanto a taxa de emprego de mulheres quanto de homens aumentou significativamente.[142] No entanto, o partido PiS (Lei e Justiça) reduziu a idade de aposentadoria após sua vitória eleitoral em 2015, o que acarretará problemas econômicos consideráveis para a Polônia a médio e longo prazo.[143]

Laszek *et al.* apresentam a seguinte crítica: "Nos últimos anos, o partido Lei e Justiça introduziu mudanças prejudiciais que impactaram a taxa de participação da força de trabalho dos poloneses. Ele reverteu uma reforma introduzida pelo governo anterior que elevou a idade de aposentadoria (...) Foram feitas muitas mudanças que enfraqueceram a ligação entre o tempo de trabalho, as contribuições e a futura pensão. Além de reduzir a idade de aposentadoria, aumentos na pensão mínima, ajustes nas cotas, pensões para mães, reduções nas contribuições para autônomos e as décima terceira e décima quarta pensões, entre outros, contribuíram para isso."[144]

A participação das empresas estatais na Polônia, apesar de todos os esforços de privatização, ainda é imensa em comparação com a de outros países. "Apesar das conquistas notáveis do Ministério da Transformação de Propriedades, ou Propriedade Estatal, no período de 1990 a 2015, a parcela estatal na economia polonesa permaneceu muito alta. De acordo com dados da Organização para a Cooperação e o Desenvolvimento Econômico (OCDE), a Polônia ocupa o primeiro lugar entre os 34 países membros da OCDE em termos de propriedade estatal."[145]

Embora fossem necessárias mais privatizações significativas, apenas um ano após a vitória eleitoral do partido PiS, o programa de privatização foi praticamente interrompido e, no início de 2017, o governo encerrou o Ministério da Propriedade Estatal. No entanto, o governo não apenas adiou mais privatizações, mas também lançou um novo programa de nacionalizações de empresas que haviam sido privatizadas anteriormente. Além disso, houve até tentativas de nacionalizar empresas que sempre foram de propriedade privada.[146]

O Índice de Liberdade Econômica da Heritage Foundation documenta o grande progresso que a Polônia fez nas últimas décadas em comparação com outros países. No entanto, ele também destaca os consideráveis déficits que ainda existem. A Polônia recebe avaliações positivas nas categorias de "liberdade de investimento", "liberdade monetária", "liberdade comercial", "liberdade empresarial" e "saúde fiscal". Em contrapartida, "gastos do governo", "eficácia judicial", "liberdade laboral" e "integridade governamental" recebem avaliações muito baixas.[147]

Restringir os gastos governamentais, implementar reformas no mercado de trabalho e fortalecer o estado de direito e a independência do sistema judiciário deveriam ser os focos de esforços de reforma para a Polônia. Infelizmente, nos últimos anos, a situação piorou. Isso é especialmente válido em relação ao estado de direito, que é de grande importância para o funcionamento de uma ordem econômica capitalista. Uma equipe liderada pelo economista polonês Marek Tatała apresentou uma análise preocupante em 2020, mostrando como o estado de direito — especialmente a independência do sistema judiciário — tem sido cada vez mais erodido na Polônia desde 2015. O maior problema é a politização do sistema judiciário. Até 2017, apenas 32 por cento dos membros do Conselho Nacional de Justiça eram selecionados por políticos; após as autodenominadas "reformas judiciais", esse número subiu para 92 por cento.[148] A alegação de que o sistema judiciário estava repleto de comunistas é pouco convincente, especialmente considerando que a idade média dos juízes do país era de cerca de 46 anos. "Além disso, o estabelecimento do CNJ (Conselho Nacional de Justiça) em 1990 e a reforma do ST (Supremo Tribunal) resultaram na substituição de mais de 80 por cento de sua composição."[149]

Como consequência da politização do sistema judiciário, a Polônia teve um retrocesso em todos os principais índices que avaliam o estado de direito e a democracia, além de desencadear um conflito sério e contínuo com a UE. De acordo com os autores, as políticas do partido PiS contribuíram para a restrição da liberdade econômica na Polônia. Por exemplo, eles apontam para as várias novas regulamentações que foram introduzidas, incluindo a proibição da venda de terras agrícolas, a proibição de compras aos domingos e restrições na abertura de novas farmácias. Além disso, uma política de renacionalização de empresas privadas estava sendo implementada. A expansão da propriedade estatal no setor bancário é especialmente arriscada para a estabilidade do crescimento econômico, como destacam os autores. Eles também observam que o governo polonês agora controla mais de 40 por cento dos ativos do setor bancário, após assumir o controle de diversas instituições financeiras. No entanto, a experiência mostra que a posse estatal de bancos leva à politização de suas políticas de empréstimos, como ao subordinar as decisões de empréstimos a objetivos políticos.[150]

Outra questão é a falta de certeza jurídica, porque as leis, especialmente as leis fiscais, estão potencialmente sujeitas a mudanças constantes. "As leis na Polônia são alteradas com muito mais frequência do que em outros países. No ano de recorde de 2016, foram aprovadas mais de 35.000 páginas de legislação. Outro recorde foi estabelecido pelo partido Lei e Justiça em 2018, quando foram publicadas 362 páginas de emendas às leis fiscais. A gestão do partido governante em relação à legislação foi marcada pela aprovação extremamente rápida de leis importantes e pela tendência de ignorar os procedimentos parlamentares regulares, sem a obrigação de realizar avaliações de impacto regulatório ou realizar consultas públicas. Além disso, o governo preparou avaliações de impacto pouco confiáveis e encurtou injustificadamente as consultas públicas em diversos projetos de infraestrutura pública, que foram, de qualquer modo, mais uma fachada do que uma tentativa real de buscar a opinião pública. O problema da imprevisibilidade da legislação aplica-se particularmente à tributação, onde o partido PiS introduziu impostos setoriais prejudiciais (especialmente o imposto sobre bancos e o imposto sobre o comércio varejista), alívios adicionais (por exemplo, isenção do IRPF para pessoas com menos de 26 anos, redução do imposto de renda de pessoa jurídica para empresas com receitas de até 2 milhões de euros) e um limite tributário adicional (a chamada sobretaxa solidária), além de muitos outros impostos oficialmente chamados de taxas (como taxas de emissão, reciclagem, açúcar ou energia). Ao mesmo tempo, os métodos usados para reforçar o sistema tributário tornaram-no ainda mais repressivo."[151]

O partido PiS perdeu a maioria após as eleições de outubro de 2023 e o país está sendo governado por uma coalizão liderada por Donald Tusk desde dezembro de 2023. Portanto, teremos que aguardar para ver como a economia da Polônia evoluirá nos próximos anos: os poloneses retornarão ao caminho de livre mercado que os tornou tão bem-sucedidos nas últimas décadas? Nesse caso, a Polônia terá um futuro promissor. Ou a Polônia seguirá na trajetória que escolheu nos últimos anos, ou seja, rumo a mais intervenção estatal e menos mercado? Isso seria lamentável, pois a Polônia perderia boa parte da prosperidade conquistada com tanto esforço desde 1990.

O que as pessoas na Polônia pensam do capitalismo

É encorajador que a maioria dos poloneses ainda tenha uma visão positiva em relação à economia de mercado e ao capitalismo. Solicitei uma pesquisa sobre a imagem da economia de mercado e do capitalismo em 33 países entre junho de 2021 e novembro de 2022. Na Polônia, a Ipsos Mori entrevistou um total de 1.096 pessoas selecionadas de forma representativa de 30 de julho a 9 de agosto de 2021, e um total de 33.452 participantes foram entrevistados em todos os 33 países.

A pesquisa difere de muitas outras pesquisas sobre a economia de mercado e o capitalismo não apenas em sua profundidade (ou seja, no nível de detalhe das perguntas feitas), mas também em um método específico: a hipótese antes do início da pesquisa era que algumas pessoas são repelidas pela palavra "capitalismo" em particular, mesmo que suas opiniões reais as colocassem mais no campo pró-capitalista. Assim, um conjunto de perguntas (sobre "Liberdade Econômica") evitou consistentemente a palavra "capitalismo". Os entrevistados receberam um total de seis declarações, das quais três eram favoráveis à liberdade econômica e uma economia de mercado e três defendiam um papel forte do Estado.

Em contraste, o termo "capitalismo" foi usado nos outros dois conjuntos de perguntas. Primeiro, queríamos saber exatamente o que os entrevistados da pesquisa associam à palavra "capitalismo". Depois, apresentamos a cada entrevistado um total de 18 declarações sobre o capitalismo. Ao combinar os dados para os dois últimos conjuntos de perguntas, somos capazes de determinar o que as pessoas pensam se a palavra "capitalismo" for mencionada. É interessante comparar isso com o primeiro conjunto de perguntas, em que as respostas revelam como as pessoas se sentem sobre o capitalismo quando a palavra não é mencionada. Ao comparar as respostas entre os três conjuntos de perguntas, podemos ver exatamente qual papel a palavra "capitalismo" desempenha: na Polônia, o apoio ao capitalismo cresce 122 por cento quando "capitalismo" é descrito sem usar a palavra.

Figura 4.1: Seis declarações sobre um bom sistema econômico.

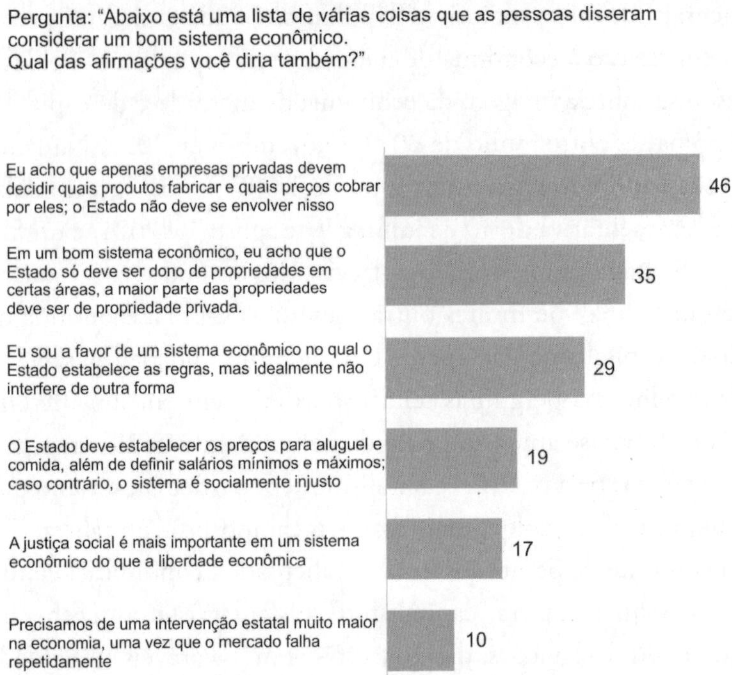

Fonte: Pesquisa Ipsos Mori 20-091774-30.

Nota: Todos os dados estão em porcentagem de entrevistados.

Uma análise das respostas às declarações pró-estado e pró-mercado revela que declarações que apoiam um papel mais forte do governo têm uma aprovação de 15 por cento, em comparação com 37 por cento de aprovação para declarações pró-mercado que favorecem um papel reduzido do governo. Dividindo a média das declarações positivas pela média das declarações negativas, temos um coeficiente de 2,40. Voltarei a esse coeficiente frequentemente a seguir: um coeficiente maior que 1,0 significa que as atitudes pró-liberdade econômica dominam, e um coeficiente menor que 1,0 significa que as opiniões contrárias à liberdade econômica dominam.

A declaração que obteve a maior concordância, de longe, (46 por cento) na Polônia foi: "Acho que apenas empresas privadas devem decidir quais produtos fabricar e quais preços cobrar por eles; o Estado não deve se envolver nisso". E a menor concordância, de longe, (10 por cento) foi para a declaração: "Precisamos de uma intervenção estatal muito maior na economia, uma vez que o mercado falha repetidamente" (Figura 4.1).

É possível observar a partir da Figura 4.2 que as atitudes em relação à economia de mercado eram mais positivas na Polônia do que em todos os outros países onde a pesquisa foi realizada.

Média das declarações a favor de um sistema econômico liberal dividida pela média das declarações a favor de um sistema econômico controlado pelo Estado (sem usar o termo "capitalismo").

Os entrevistados foram então apresentados a 10 termos — cinco positivos e cinco negativos — e questionados sobre quais eles associa-

Figura 4.2: Atitudes em relação à liberdade econômica em 33 países.

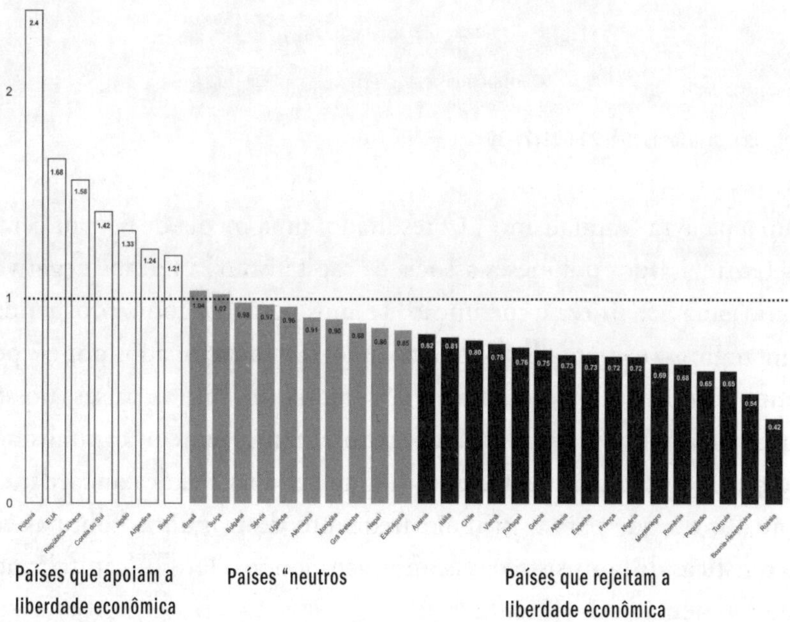

Fontes: Pesquisa Allensbach Institute 12038, pesquisas Sant Maral Foundation, Ipsos Mori 20-091774-30, 21-087515-07, 22-014242-04-03 e 22-087515-44, Indochina Research, FACTS Research & Analytics Pvt. Ltd. e Research World International Ltd.

Nota: Quanto menor o coeficiente, mais forte é a atitude anticapitalista.

Figura 4.3: Associações com "capitalismo".

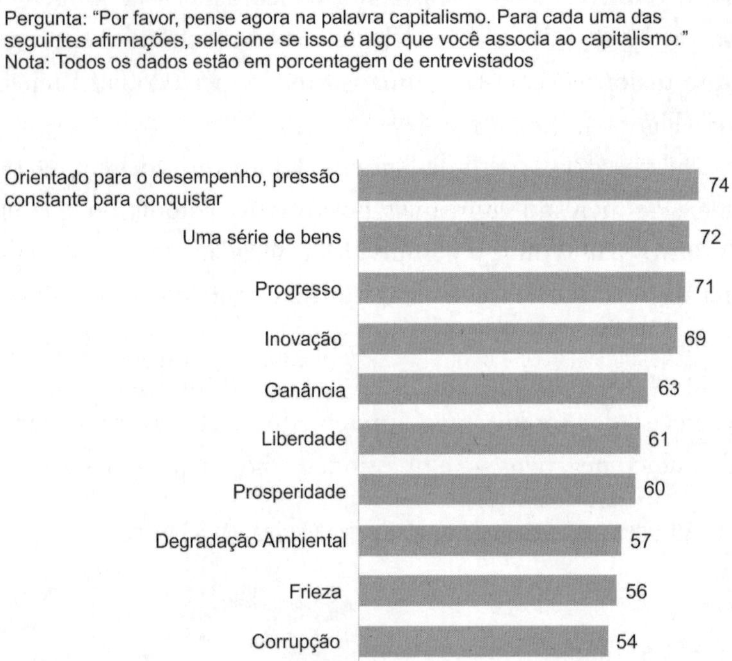

Fonte: Pesquisa Ipsos Mori 20-091774-30

vam à palavra "capitalismo". O resultado: uma média de 61 por cento dos entrevistados poloneses associa o "capitalismo" a termos negativos como ganância, frieza e corrupção. Termos positivos como prosperidade, progresso e liberdade, por outro lado, são mencionados por 67 por cento (Figura 4.3). Ao contrário da maioria dos outros países, nossos entrevistados poloneses associam predominantemente o "capitalismo" a termos positivos. No entanto, é evidente que o nível de concordância é menor do que para o primeiro conjunto de perguntas sobre as características de bons sistemas econômicos, onde o termo "capitalismo" não foi mencionado (Figura 4.4).

No próximo conjunto de perguntas, os entrevistados receberam um total de 18 declarações sobre o capitalismo, das quais 10 eram negativas e 8 eram positivas. A concordância com afirmações negativas (com uma média de 22 por cento) e afirmações positivas sobre o capitalismo (com uma média de 23 por cento) está muito equilibrada. Ao se dividir a porcentagem das declarações positivas pela porcentagem das declarações negativas, temos um coeficiente de 1,05.

A Polônia é um dos poucos países nos quais a segunda declaração mais bem classificada das 18 sobre o capitalismo foi positiva: 33 por cento dos entrevistados poloneses concordam que "O capitalismo significa liberdade econômica" (Figura 4.5). No entanto, 35 por cento dos poloneses também dizem que "O capitalismo é dominado pelos ricos,

Figura 4.4: Afirmações sobre o capitalismo – 10 afirmações negativas.

Pergunta: "Com quais das seguintes afirmações sobre o capitalismo, se houver alguma, você concorda?"

Nota: Todos os dados estão em porcentagem de entrevistados.

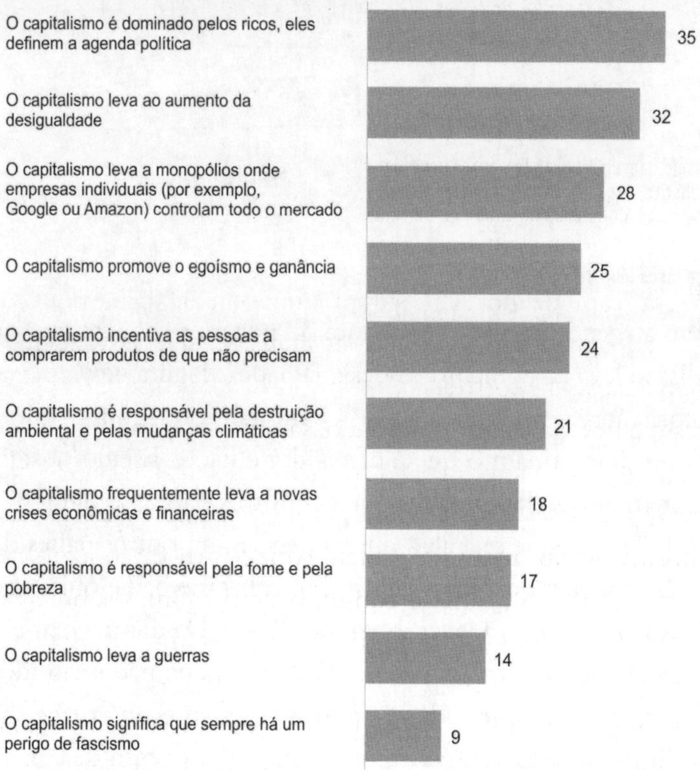

Fonte: Pesquisa Ipsos Mori 20-091774-30

Figura 4.5: Declarações sobre o capitalismo – 8 declarações positivas.

Pergunta: "Com quais das seguintes declarações sobre o capitalismo, se houver alguma, você concorda?" (Dados em porcentagem de entrevistados.)

Fonte: Pesquisa Ipsos Mori 20-091774-30

eles definem a agenda política", enquanto 32 por cento concordam que "O capitalismo leva ao aumento da desigualdade" (Figura 4.4).

A concordância com a afirmação "O capitalismo significa que os consumidores determinam o que é oferecido, e não o Estado" é significativamente maior na Polônia do que em outros países, atingindo 30 por cento. Talvez porque seja algo que as pessoas em outros países dão por certo e nem sequer pensam a respeito, ao contrário da Polônia, onde as pessoas se acostumaram a viver sob o socialismo. Da mesma maneira, a concordância com a afirmação "O capitalismo pode não ser o ideal, mas ainda é melhor do que todos os outros sistemas econômicos" fica em quinto lugar entre as 18 declarações (com 29 por cento de concordância), o que também pode ser entendido em termos do contexto histórico da experiência da Polônia com o socialismo (Figura 4.5).

Na Figura 4.6 a seguir, você pode ver que o "capitalismo" tem uma imagem mais positiva na Polônia, mesmo que a palavra em si seja usada, do que em todos os outros países pesquisados (combinar os números para a liberdade econômica e as duas questões do capitalismo resulta em um coeficiente de 1,52).

O que as pessoas na Polônia pensam dos ricos

Em outra pesquisa, que também solicitei, a Ipsos Mori coletou dados para descobrir o que as pessoas em diferentes países pensam dos ricos — e mediu a prevalência da inveja social em cada país. O projeto começou em 2018, com pesquisas na França, na Alemanha, no Reino Unido e nos Estados Unidos, seguidos por Espanha, Itália, Suécia, China, Vietnã, Coreia do Sul e Chile. A pesquisa foi realizada na Polônia de 4 a 7 de novembro de 2022.

Figura 4.6: Coeficiente geral sobre atitudes em relação ao capitalismo em 33 países. Quanto menor o coeficiente, mais forte é a atitude anticapitalista.

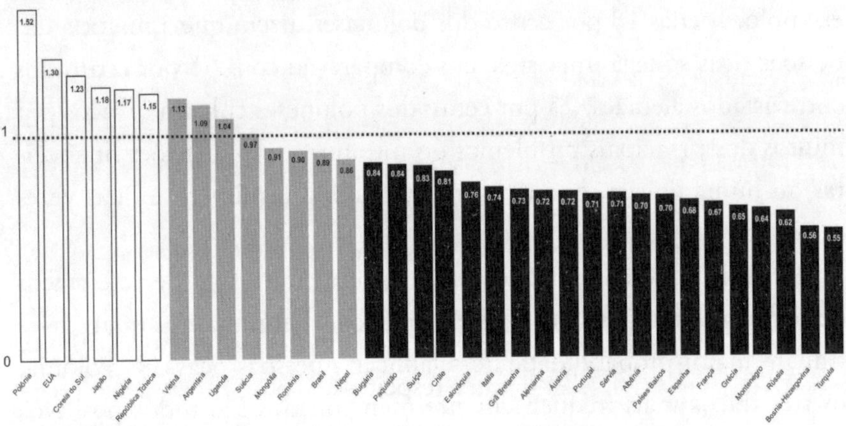

Países primariamente pró-capitalistas | Países "neutros | Países primariamente anticapitalistas

Fontes: Pesquisa Allensbach Institute 12038, Sant Maral Foundation, pesquisas Ipsos Mori 20-091774-30, 21-087515-07, 22-014242-04-03 e 22-087515-44, Indochina Research, FACTS Research & Analytics Pvt. Ltd. e Research World International Ltd.

As mesmas perguntas foram feitas em todos os países — com algumas adaptações. Por exemplo, em países como a Alemanha e os Estados Unidos, fizemos perguntas sobre "milionários". Definimos "milionários" como indivíduos com pelo menos um milhão de euros ou dólares em ativos, além da casa ou apartamento que usam como residência principal. Isso não teria sentido em países como o Vietnã ou mesmo a Suécia, onde — na moeda local — a maioria das pessoas se qualificaria como "milionárias". Assim, ajustamos as quantias em cada caso. Na Polônia, definimos os ricos como indivíduos que possuíam ativos no valor de pelo menos 4 milhões de zlotys, além de sua residência principal.

Começamos apresentando aos entrevistados 17 declarações — positivas e negativas — sobre pessoas ricas e perguntamos se eles concordavam ou discordavam. Os resultados para a Polônia estão apresentados na Figura 4.7.

Uma comparação de resultados para dois países para a mesma pergunta (Figura 4.8) revela que as pessoas na Polônia têm uma atitude muito mais positiva em relação aos ricos do que os alemães. Por exemplo, apenas 18 por cento dos poloneses dizem que a maioria das pessoas ricas sonega impostos, em comparação com 51 por cento dos entrevistados alemães; 25 por cento dos poloneses culpam os ricos por muitos dos principais problemas do mundo, como questões financeiras ou humanitárias, enquanto na Alemanha o número é duas vezes maior (50 por cento).

Também apresentamos aos entrevistados uma lista de sete traços de personalidade positivos e sete negativos e perguntamos quais deles tinham maior probabilidade de se aplicar a pessoas ricas. Na Polônia, os três traços mais frequentemente mencionados são todos positivos — ou seja, corajosos e audaciosos, criativos e diligentes.

O traço mencionado com menos frequência é positivo, ou seja, a honestidade. No entanto, há uma diferença interessante quando perguntamos apenas aos entrevistados poloneses que conhecem pessoalmente

Figura 4.7: 17 declarações sobre pessoas ricas.

Pergunta: "Com quais das seguintes declarações sobre o os ricos, se houver alguma, você concorda?"

Fonte: Pesquisa Ipsos Mori 22-087515-44

Figura 4.8: Maiores diferenças entre a Polônia e a Alemanha.

Pergunta: "Aqui está uma lista de coisas que as pessoas dizem sobre pessoas ricas. Das afirmações da lista, com quais, se houver alguma, você concorda?"

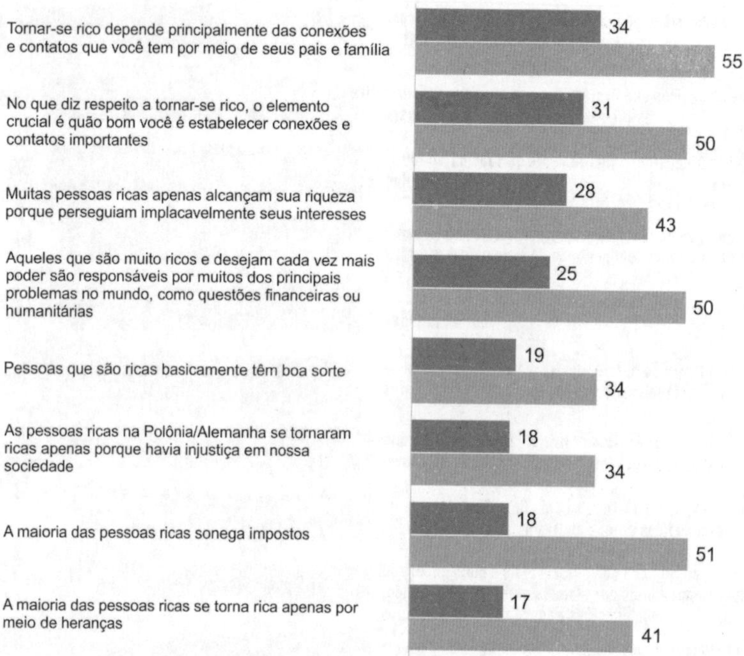

Fonte: Pesquisa Ipsos Mori 22-087515-44, Pesquisa Allensbach Institute 11085.

uma ou mais pessoas ricas quais traços de personalidade se aplicam à pessoa rica que eles conhecem melhor. Enquanto apenas cinco por cento dos poloneses consideram as pessoas ricas em geral "honestas", 20 por cento atribuem honestidade à pessoa rica que eles conhecem pessoalmente. É notável que observamos a mesma tendência em todos os países onde fizemos essa pergunta adicional (Figura 4.10)

Apesar das diferenças, há alguns pontos de concordância entre nossos entrevistados poloneses e alemães. Por exemplo, 43 por cento dos poloneses e 42 por cento dos alemães dizem que as pessoas ricas são diligentes. Porém, as diferenças são mais importantes. Por exemplo, 19 por cento dos poloneses acham que os ricos são egocêntricos, em contraste com 62 por cento dos alemães; 25 por cento dos poloneses, mas 49 por cento dos alemães, acham que os ricos são gananciosos.

E 24 por cento dos poloneses em comparação com 43 por cento dos alemães acham que as pessoas ricas são arrogantes (Figura 4.11).

Quando calculamos a porcentagem média com a qual os poloneses atribuem traços de personalidade positivos e negativos aos ricos, obtemos o PTC — coeficiente de traços de personalidade. Um PTC maior que 1 significa que a população de um determinado país tende a atribuir mais traços negativos aos ricos, enquanto um PTC menor que 1 significa que os entrevistados são mais propensos a associar traços de personalidade positivos aos ricos. A Polônia tem um PTC de 0,7. O único país pesquisado em que a população avalia os traços de personalidade dos ricos de forma mais positiva do que a Polônia é o Vietnã (Figura 4.12).

A pesquisa englobou muitas outras perguntas, incluindo uma série

Figura 4.9: Quais traços de personalidades são mais prováveis de serem atribuídos aos ricos.

Pergunta: "Quais das seguintes opções, se houver alguma, têm maior probabilidade de se aplicar às pessoas ricas?"

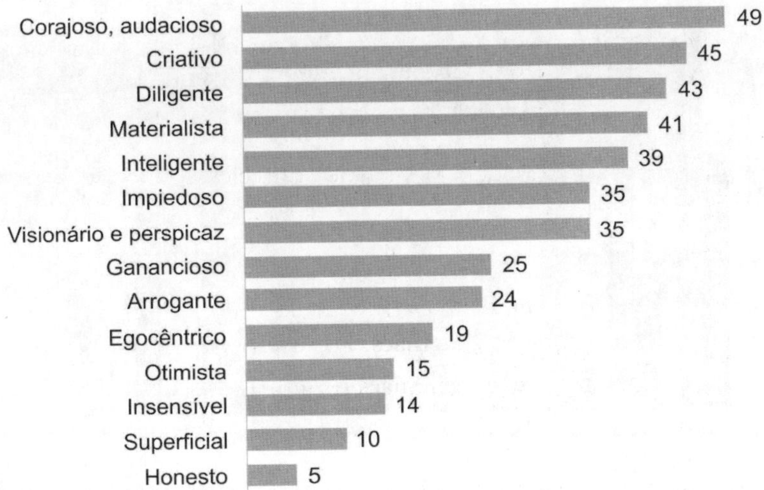

Fonte: Pesquisa Ipsos Mori 22-087515-44,

de itens que podem ser considerados indicadores de inveja. Por exemplo, perguntamos às pessoas se elas seriam a favor de aumentar substancialmente os impostos para os ricos, mesmo que não se beneficiassem pessoalmente (na Polônia, 44 por cento concordaram com essa declaração, e, na Alemanha, 65 por cento). Uma pergunta foi usada para determinar *schadenfreude* (sentimento de alegria com a desgraça alheia) e perguntou aos entrevistados o que eles pensam quando uma pessoa rica perde muito dinheiro por meio de um negócio arriscado. "Bem feito para ele", dizem 15 por cento dos poloneses (mas 40 por cento dos alemães). Também perguntamos se os poloneses seriam a favor de reduzir drasticamente os salários dos gerentes de alto nível e

Figura 4.10: As pessoas ricas são honestas?

Pergunta: Quais desses itens, se algum, aplica-se melhor a pessoas ricas? Item escolhido: "honestas". Pergunta suplementar a entrevistados que conhecem pessoalmente um milionário: "Quais desses itens, se algum, aplica-se ao milionário que você conhece melhor? Porcentagem de entrevistados que respondeu "honesto".

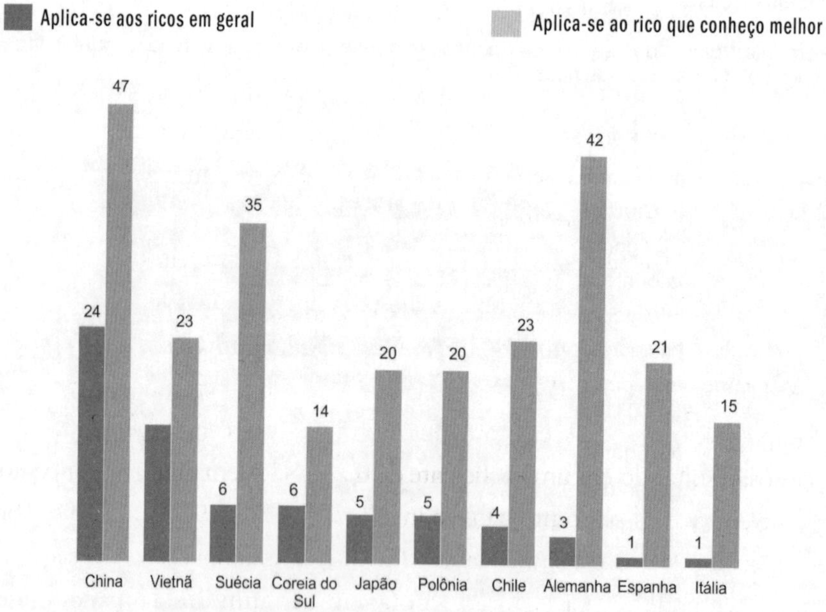

Fontes: Pesquisas Allensbacher 11085 e 8271, pesquisas Ipsos Mori J-18-031911-01-02, J-19-01009-29, J-19-01009-47, J-20-091774-05, e J-21-041026-01.

Figura 4.11: Os traços de personalidade que as pessoas na Polônia e na Alemanha atribuem aos ricos.

Pergunta: "Qual das seguintes opções, se alguma, mais provavelmente se aplica a pessoas ricas?"

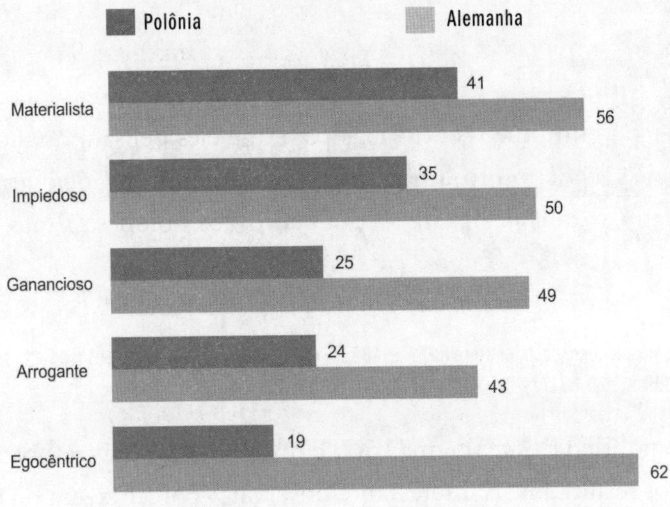

Fontes: Pesquisa Ipsos Mori 22-087515-44, pesquisa Allensbach Institute 11085.

redistribuir o dinheiro de maneira mais uniforme entre seus funcionários, o que significaria que eles receberiam apenas mais alguns zloty por mês — apenas 23 por cento dos poloneses seriam a favor, mas na Alemanha foi o dobro (46 por cento).

Com base nas respostas a essas perguntas, que foram feitas em todos os países, calculamos o que chamamos de coeficiente de inveja social.[152] Esse coeficiente retrata a proporção de invejosos para não invejosos em todos os países pesquisados. Na Polônia, por exemplo, 13 por cento dos entrevistados são invejosos sociais, em comparação com 61 por cento que não são invejosos, resultando em um coeficiente de 0,21. Na Alemanha, 33 por cento são invejosos e 34 por cento não são invejosos (CES = 0,97). Quanto maior o coeficiente de inveja social, maior a prevalência de inveja social naquele país. Você pode ver na Figura 4.13 que em nenhum dos 13 países onde realizamos a pesquisa a inveja social é tão baixa quanto na Polônia.

Também perguntamos a nossos entrevistados poloneses em qual

Figura 4.12: O coeficiente de traços de personalidade (CTP) em comparação internacional.

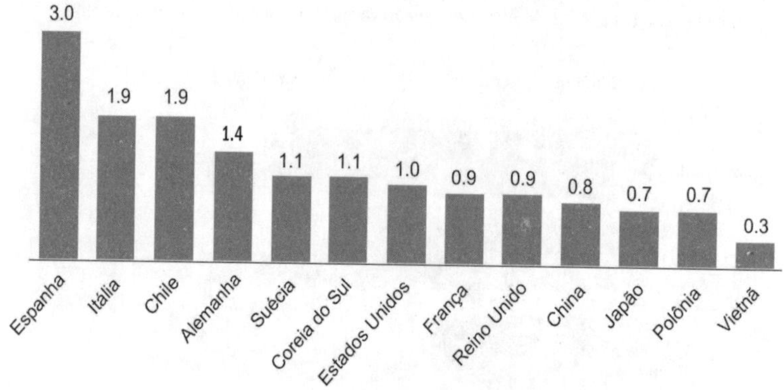

Fontes: Pesquisas Allensbach Institute 8271 e 11085, pesquisas Ipsos Mori 18-031911-01-02, 19-01009-29, 19-01009-47, 20-091774-05, 20-09-1774-30 e 21-041026-01.

partido político eles tendem a votar e relacionamos suas respostas com os outros resultados. É interessante observar a porcentagem de invejosos sociais entre os eleitores de cada partido. A proporção de invejosos sociais entre todos os eleitores na Polônia é de 13 por cento. É claro que pode haver pessoas entre os outros grupos (especialmente os "ambivalentes") que sentem inveja social. No entanto, de acordo com os critérios rigorosos que aplicamos a nossa análise, o valor referente a Polônia é somente 13 por cento (e, portanto, menor do que em qualquer outro país que estudamos).

É surpreendente que um em cada quatro apoiadores (24 por cento) do partido governante "Lei e Justiça" (*Prawo i Sprawiedliwość*, PiS) do ex-primeiro-ministro Jarosław Kaczyński se qualifique como um invejoso social. Portanto, para esse partido, agradar aos invejosos sociais é uma preocupação chave. Se o PiS perdesse o apoio dos invejosos sociais da Polônia, isso seria equivalente a perder um quarto de seus eleitores. Mesmo a aliança "Nova Esquerda" (*Nowa Lewica*) dos social-democratas (*Sojusz Lewicy Demokratycznej*) e do Partido Primavera Verde (Wiosna) não depende tanto dos invejosos sociais quanto o PiS: apenas 14 por cento de seus eleitores são invejosos sociais. O partido Polônia 2050 (*Polska 2050 Szymona Hołowni*) também tem uma parcela de 14 por cento de invejosos sociais entre seus eleitores (Figura 4.14).

Não é surpreendente que o PiS atraia mais invejosos sociais do que qualquer outro partido. Na Alemanha, o partido é considerado "de direita" ou "nacionalista-conservador". Mas, enquanto o PiS mantém algumas posições conservadoras (por exemplo, sobre a família e o nacionalismo), por um lado, por outro, é de esquerda em termos de suas políticas sociais e econômicas. Os invejosos sociais são pouco representados entre os eleitores do segundo maior partido da Polônia, a Plataforma Cívica de Donald Tusk (*Platforma Obywatelska*), com apenas sete por cento dos eleitores deste partido classificados como invejosos sociais.

O partido Confederação da Liberdade e Independência (*Konfederacja Wolność i Niepodległość*), que une uma mistura peculiar de forças nacionalistas, monarquistas e libertárias, tem apenas uma proporção muito pequena de eleitores (seis por cento) que se qualificam como invejosos sociais.

Figura 4.13: O coeficiente de inveja social em comparação internacional.

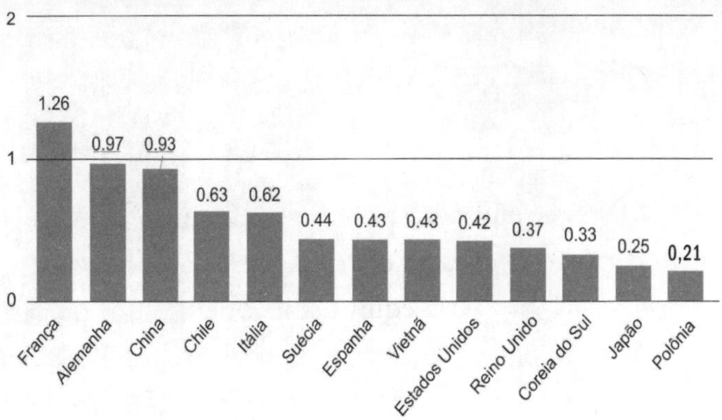

Fontes: Pesquisas Allensbach Institute 8271 e 11085, pesquisas Ipsos Mori 18-031911-01-02, 19-01009-29, 19-01009-47, 20-091774-05, 20-09-1774-30 e 21-041026-01

Para medir a atitude geral em relação aos ricos em qualquer país, calculamos o índice de sentimento em relação aos ricos (ISR) ao combinar o coeficiente de inveja social (CIS) e o coeficiente de traços de personalidade (PTC). Com o ISR, coeficientes maiores que 1 indicam que as atitudes em relação aos ricos são predominantemente negativas — como na Alemanha, na França e na Espanha. As atitudes mais positivas estão na Polônia, no Japão e no Vietnã (Figura 4.15).

Em muitos países, os períodos de crescimento econômico foram seguidos por uma mudança de atitudes em relação aos ricos, como na China, onde Deng Xiaoping proclamou no início dos anos 1980 que a busca pela riqueza era algo bom, não ruim. O mesmo se aplica ao Vietnã e à Polônia, como fica evidente ao vermos que 49 por cento dos entrevistados poloneses afirmam que é importante para eles serem ou se tornarem ricos. Nos países asiáticos China, Japão, Vietnã e Coreia do Sul, a média foi ainda maior, com 58 por cento. Porém, nos outros países europeus e nos Estados Unidos, onde também realizamos nossa pesquisa, uma média de apenas 28 por cento concorda que é

Figura 4.14: Inveja social e preferências de voto.

Porcentagem de invejosos sociais entre os eleitores de cada partido político.

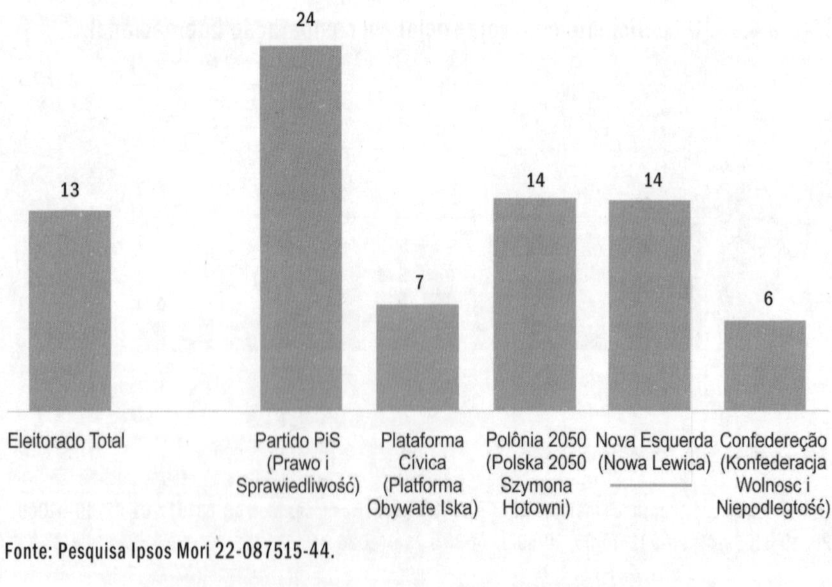

Fonte: Pesquisa Ipsos Mori 22-087515-44.

Figura 4.15: Índice de sentimento em relação aos ricos (ISR) em comparação internacional.

Nota: Quanto menor o coeficiente, mais positivo é o sentimento em relação aos ricos.

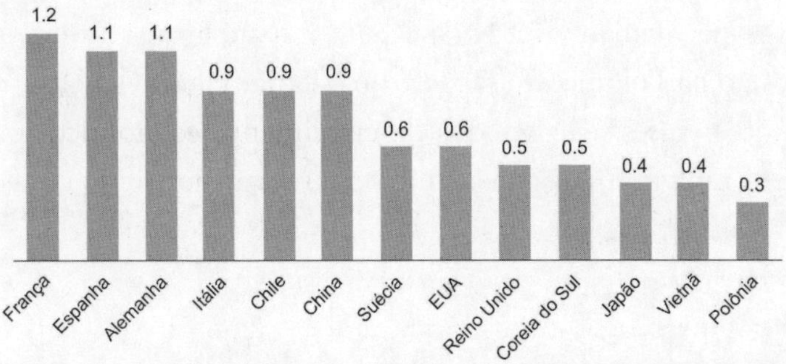

Fontes: Pesquisas Allensbach Institute 8271 e 11085, Pesquisas Ipsos Mori 18-031911-01-02, 19-01009-29, 19-01009-47, 20-091774-05, 20-09-1774-30 e 21-041026-01, e Indochina Research

importante para eles se tornarem ricos. Esse resultado coloca a Polônia mais próxima dos ambiciosos países asiáticos do que da Europa e dos Estados Unidos, onde as pessoas não são mais tão ambiciosas na busca pela riqueza.

O exemplo da Polônia mostra o quanto as reformas capitalistas podem melhorar a vida das pessoas comuns em um país — e que às vezes as reformas precisam ser implementadas rapidamente e de maneira radical. Em um momento tão crucial de sua história, a Polônia teve a sorte de ser liderada por políticos honestos e com uma clara orientação em direção ao livre mercado.

Conclusão

A RIQUEZA E A POBREZA DAS NAÇÕES

"A definição de insanidade é continuar fazendo sempre a mesma coisa e esperar resultados diferentes". Essa citação é frequentemente atribuída a Albert Einstein, embora não haja provas de que ele a tenha efetivamente pronunciado. No entanto, seja quem for seu autor, a afirmação é verdadeira. 50 anos fomentando o desenvolvimento e mais de 100 anos de tentativas em experiências socialistas mostraram que a pobreza não pode ser superada por meio da redistribuição. Se Adam Smith pudesse olhar para o mundo atual, ele se sentiria justificado: o crescimento econômico vence a pobreza — e o pré-requisito para o crescimento econômico é a liberdade econômica.

No mundo dos negócios, as empresas aprendem com os melhores — no jargão dos negócios, isso é apropriadamente chamado de "melhores práticas". As nações também podem aprender umas com as outras. Neste livro, usei os exemplos da Polônia e do Vietnã para mostrar como as nações podem escapar da pobreza. Apesar da terrível destruição causada pela guerra e pelo socialismo, esses países conseguiram melhorar os padrões de vida das pessoas ano após ano ao longo de várias décadas. A receita foi semelhante em ambos os casos: reformas capitalistas. Porém, tais reformas não podem simplesmente ser impostas de cima. Na Polônia e no Vietnã, estruturas de economia de mercado já haviam começado a se desenvolver na clandestinidade durante o período socialista. Na Polônia, como em todos os países socialistas, havia uma considerável economia de mercado negro sem a qual as pessoas dificilmente teriam sobrevivido. O mercado negro desenvolveu-se paralelamente ao mercado oficial de bens de consumo e, embora tais práticas fossem passíveis de punição, eram toleradas pelo partido.

No Vietnã, como na China, as estruturas de mercado informal já haviam se desenvolvido antes do início do processo de introdução de reformas formais. Em parte, as reformas apenas legitimaram os desenvolvimentos espontâneos que já haviam ocorrido em inúmeras aldeias. Muitos coletivos agrícolas e até empresas estatais simplesmente ignoraram as regras e regulamentos oficiais. Eles se recusaram a trabalhar em coletivos e firmaram contratos não autorizados (*khoan chui*) entre coletivos e famílias ou entre fazendas estatais e comerciantes privados. Essa prática ficou conhecida como *pha rao* ("quebra de cerca").

O capitalismo não pode ser imposto de cima para baixo. A melhor coisa que as lideranças políticas de um país podem fazer é admitir a existência desses desenvolvimentos espontâneos e estabelecerem marcos legais que lhes garantam segurança jurídica. Tanto na Polônia como no Vietnã, houve inúmeras tentativas de melhorar e "reformar" o socialismo; mas, no mais tardar no final dos anos 1980, as pessoas perceberam que era impossível implementar as reformas necessárias a partir do próprio sistema. O Vietnã ainda se autodenomina um país "socialista" e o partido governante se autodenomina comunista, mas há menos marxistas convictos no Vietnã do que nos Estados Unidos ou na Europa. Na Polônia, diferentemente do Vietnã, também houve uma ruptura com o antigo sistema político.

No entanto, a despeito das diferenças, há muito mais semelhanças entre esses dois países. Por exemplo, a inveja social não é muito pronunciada no Vietnã ou na Polônia. O índice de sentimento em relação aos ricos, que calculei para 13 países com base em pesquisas abrangentes, mostra que os dois países com as opiniões populares mais positivas sobre os ricos são a Polônia e o Vietnã.[1] O fato de as opiniões das pessoas sobre a riqueza não estarem principalmente associadas à negatividade e à inveja, mas ao fato de elas mesmas terem o desejo de enriquecer, é uma condição prévia para o desenvolvimento do dinamismo econômico de um país. Perguntamos a pessoas em 13 países qual a importância pessoal de elas serem ou se tornarem ricas. Na Alemanha, 22% dos entrevistados disseram que era importante; nos EUA. 30%; na Polônia, 49%; na China, 50%; na Coréia do Sul, 63%, e no Vietnã, até 76%.[2]

Este livro trata de nações que escaparam da pobreza, mas também vale a pena olhar para nações que fizeram o caminho contrário e caíram na pobreza. Provavelmente, não há país no mundo que tenha caído tão dramaticamente nos últimos 100 anos quanto a Argentina. No início do século XX, a renda média *per capita* da população estava entre as mais altas do mundo. A expressão "rico como um argentino" era muito ouvida na época.[3] A decadência da Argentina está intimamente associada a um nome: coronel Juan Domingo Perón. Ele foi eleito presidente em fevereiro de 1945. Seu primeiro mandato durou até 1955. Sua agenda política: governo grande. A companhia telefônica da Argentina foi nacionalizada, suas ferrovias, seu fornecimento de energia, sua rede radiofônica. Só entre 1946 e 1949, os gastos do governo triplicaram. O número de funcionários do setor público aumentou de 243.000 em 1943 para 540.000 em 1955 — muitos novos empregos foram criados em agências governamentais e no serviço público para sustentar os apoiadores do Partido dos Trabalhadores de Perón.[4] A política econômica era socialista: embora o volume de passageiros e carga para as ferrovias estagnasse, o número de funcionários aumentou mais de 50% entre 1945 e 1955. Os sindicatos peronistas tornaram-se as organizações mais poderosas da Argentina, ao lado dos militares. A esposa de Perón, Eva Duarte, era adorada como uma heroína, distribuindo cada vez mais dinheiro em assistência social. Ditaduras militares e governos peronistas alternavam-se, e a Argentina afundava-se cada vez mais em dívidas. Em 1973, Perón chegou ao poder pela terceira vez — e novamente sua agenda consistia em redistribuição e forte regulamentação estatal. De 1976 a 1983, a Argentina foi governada pelos militares, que perseguiram brutalmente todos os membros da oposição.

Economicamente, a história da Argentina é de inflação, hiperinflação, bancarrotas estatais e empobrecimento. Desde sua independência, em 1816, o país passou por nove falências governamentais, a mais recente delas em 2020 — uma história trágica para um país tão orgulhoso que já foi um dos mais ricos do mundo. Visitei a Argentina e conversei com pessoas comuns, economistas e políticos. Minha observação: um número crescente de argentinos percebe que a única solução para seus problemas e uma saída para a pobreza é mais capitalismo. É por isso que elegeram o "anarcocapitalista" Javier Milei presidente em novembro de 2023.

Outro exemplo lastimável do declínio de uma nação é a Venezuela. Enquanto, no início do século XX era um dos países mais pobres da América Latina, no final dos anos 1960 a Venezuela experimentou um notável desenvolvimento. No decorrer do século XX, a Venezuela passou de um dos países mais pobres da América Latina para se tornar o mais rico. Em 1970, estava entre os 20 países mais ricos do mundo, com um PIB *per capita* maior que o da Espanha, da Grécia e de Israel, e apenas 13% menor que o do Reino Unido.[5]

A reversão da ascensão econômica da Venezuela começou na década de 1970. Uma das razões dos problemas do país era a dependência de suas enormes reservas de petróleo. Havia outras causas, porém, incluindo um grau excepcionalmente alto de regulamentação governamental do mercado de trabalho, que foi reforçado a partir de 1974 por ondas sucessivas de novas regulamentações. Em quase nenhum outro país da América Latina (ou em qualquer outro lugar do mundo, por sinal) o mercado de trabalho foi tão fortemente regulamentado. Após a adição em 1972 do equivalente a 5,35 meses de salário ao custo de empregar alguém, esses custos trabalhistas não salariais adicionais dispararam em 1992 para o equivalente a 8,98 meses de salário.[6]

Porém, como mostra o exemplo da Venezuela, quando os problemas se agravam, não significa necessariamente que as pessoas vão aprender — a história não é como um filme de Hollywood com final feliz garantido. Ou, em outras palavras: as coisas sempre podem piorar. Muitos venezuelanos depositaram sua fé no líder carismático socialista Hugo Chávez como o salvador que livraria seu país da corrupção, da pobreza e do declínio econômico. Chávez foi eleito presidente em 1998. Um ano depois, a República da Venezuela foi renomeada como República Bolivariana da Venezuela a seu comando. Ele não era apenas uma chama de esperança para muitos dos pobres da Venezuela — sua fala sobre um novo tipo de "socialismo para o século XXI" também despertou sonhos de um paraíso utópico entre os membros da esquerda europeia e norte-americana. Sabemos como essa história terminou: a Venezuela primeiro perdeu a liberdade econômica, depois a liberdade política, a inflação subiu para um absurdo 1 milhão por cento, as pessoas passaram fome e milhões abandonaram o país.

A história da Venezuela deve ser um alerta para nós: mesmo países prósperos e democráticos não estão imunes à perda da prosperidade e da liberdade em questão de poucos anos. A liberdade, tanto econômica quanto política, não pode ser tida como certa; temos que lutar por ela, repetidamente.

Também na Polônia e no Vietnã não há garantia de que os futuros governos manterão o rumo que os seus países têm seguido desde o final dos anos 1980. Frequentemente, depois de um certo tempo, as pessoas esquecem o motivo de seu país ter sido bem-sucedido. Hoje, na Polônia, há uma tendência perigosa a um governo maior e menos mercado. No Vietnã, pelo menos até agora, essa tendência não surgiu, mas, sem reformas políticas, acabará por não ser possível ao Vietnã combater com êxito problemas como a corrupção.

Admiro os dois países e espero que as pessoas dos países que hoje são pobres os tomem como exemplo. Gostaria de dizer para as pessoas onde quer que estejam no mundo: parem de viver no passado e de procurar culpados no Ocidente. Parem de acreditar que o Ocidente pode tirá-los da pobreza com auxílio para o seu desenvolvimento. Estudem a história da Polônia e do Vietnã, porque é isso que contém a chave para entender como as nações escapam da pobreza!

REFERÊNCIAS

Adam Smith estava certo: somente a liberdade econômica pode derrotar a pobreza

Aßländer, Michael S. *Adam Smith zur Einführung*. Junius Verlag. Hamburg, 2007.

Braudel, Fernand. *Civilization and capitalism, 15th–18th Century, Vol. I: The structures of everyday life*. William Collins Sons & Co Ltd. London, 1985.

Deaton, Angus. *The great escape. Health, wealth, and the origins of inequality*. Princeton University Press. Princeton and Oxford, 2013.

Fleischacker, Samuel. *Adam Smith*. Routledge. London and New York, 2021.

Gilbert, Geoffrey, "Adam Smith on the nature of poverty". *In: Review of Social Economy, Fall 1997, Vol. 55, No. 3*, 273–291.

Hayek, Friedrich August von. "Die überschätzte Vernunft". In: Friedrich August von Hayek. *Wissenschaftstheorie und Wissen. Aufsätze zur Erkenntnis- und Wissenschaftslehre*. Edited by Viktor Vanberg. Mohr Siebeck. Tübingen, 2007, 109–136.

Hayek, Friedrich August von. *The constitution of liberty, the definitive edition*. The University of Chicago Press. London, 2011.

Liu, Glory M. *Adam Smith's America. How a scottish philosopher became an icon of american capitalism*. Princeton University Press. Princeton and Oxford, 2022.

Marx, Karl. *O Capital. Volume I: Crítica da economia política*. Boitempo Editoral. 2015.

McCloskey, Deirdre Nansen; Carden, Art. *Leave me alone and i'll make you rich. How the bourgeois deal enriched the world*. The University of Chicago Press. Chicago and London, 2020.

Mises, Ludwig von. *Socialism: An economic and sociological analysis*. Liberty Fund.

Indianapolis, 1981.

Norberg, Johan. Progress: *Ten reasons to look forward to the future*. Oneworld Publications. London, 2017.

Rothbard, Murray N. *Economic thought before Adam Smith. An Austrian perspective on the history of economic thought, Volume 1*. Ludwig von Mises Institute. Auburn, Alabama, 2006.

Smith, Adam. *Teoria dos sentimentos morais*. Editora WMF Martins Fontes. São Paulo, 2015.

Smith, Adam. *A riqueza das nações*. Editora Nova Fronteira. Rio de Janeiro, 2017.

Smith, Adam. *Essays on philosophical subjects*. Edited by W.P.D, Wightman and J.C. Bryce. Liberty Fund, 1990.

Streminger, Gerhard. *Adam Smith. Wohlstand und Moral. Eine Biographie*. C.H. Beck Verlag. Munich, 2017.

Zitelmann, Rainer. *The power of capitalism*. LiD Publishing Limited. London, 2019.

O que ajuda contra a pobreza (e o que não)

Bremer, Frank. 50 J*ahre Entwicklungshilfe. 50 Jahre Strohfeuer*. R.G. Fischer Verlag. Frankfurt, 2021.

Burnside, Craig, David Dollar. "Aid, policies, and growth". *In: American Economic Review*. December 2000, 81, 1345–1351.

Coase, Ronald, Ning Wang. *How China became capitalist*. Palgrave Macmillan. New York, 2012.

Djankov, Simeon; Jose G. Montalvo, Marta Reynal-Querol. *The curse of aid*. The World Bank Group, 2005. Disponível em: https://openknowledge.worldbank.org/handle/10986/5663

Dreher, Axel, Sarah Langlotz. *Aid and growth. New evidence using an excludable instrument*. June 2017. Disponível em: http://www.axel-dreher.de/Dreher%20and%20Langlotz%20Aid%20and%20Growth.pdf. Acesso em: 14 out. 2022.

Easterly, William. "Can foreign aid buy growth?". *In: The Journal of Economic Perspectives, Summer 2003, Vol 17, No 3*, 23–48.

Easterly, William. "Was development assistance a mistake?". *In: The American Economic Review, May 2007, Vol 97, No. 2*, 328–332.

Easterly, William. *The white man's burden: why the west's efforts to aid the rest have done so much ill and so little good*. Oxford University Press. Oxford, 2006.

Meegan, Daniel V. "Zero-sum bias: perceived competition despite unlimited resources". *In: Frontiers in Psychology*. 2010. Disponível em: https://www.ncbi.nlm.

nih.gov/pmc/articles/PMC3153800/. Acesso em: 14 out. 2022.

Moyo, Dambisa. *Dead aid: why aid is not working and how there is a better way for Africa*. Farrar, Straus & Giroux. New York, 2009.

Ovaska, Tomi. "The failure of development aid". *In: Cato Journal Vol. 23 No. 2*. Washington D.C., 2003, 175–188.

Paldam, Martin, "The aid effectiveness literature: the sad results of 40 years of research". *In: Journal of Economic Surveys (2009), Vol. 23, No. 3*, 433–461.

Pinker, Steven. *Enlightenment now. The case for reason, science, humanism, and progress*. Viking. New York, 2018.

Rosling, Hans, with Anna Rosling and Ola Rosling Rönnlund. *Factfulness: ten reasons we're wrong about the world — and why things are better than you think*. Sceptre. London, 2018.

Rubin, Paul H. "Folk economics". *In: Southern Economic Journal, Vol. 70. (1)*, 2003, 157–171.

Vietnã: Doi Moi - Ascensão do Dragão

Altrichter, Helmut. *Kleine Geschichte der Sowjetunion 1917–1991*. 3rd edition. Verlag C.H. Beck. Munich, 2007.

Anh Thu Nguyen, Andreas Stoffers. *Vietnam und Deutschland, Nachhaltige Entwicklung im Kontext des globalen Wandels. Festschrift zum 45. Jubiläum der deutsch-vietnamesischen Beziehungen*. Verlag der Nationalen Universität von Hanoi. Hanoi, 2019.

Baum, Anja. *Vietnam's development success story and the unfinished SDG agenda*. IMF Working Paper No. 2020/031. Asia Pacific Department. February 2020. Disponível em: https://www.imf.org/en/Publications/WP/Issues/2020/02/14/Vietnam-s-Development-Success-Story-and-the-Unfinished-SDG-Agenda-48966. Acesso em: 14 out. 2022.

Beresford, Melanie. "The development of commercial regulation in Vietnam's market economy". In: Gillespie, John, Albert H. Y. Chen (eds.). *Legal reforms in China and Vietnam. A comparison of Asian communist regimes*. Routledge. London and New York, 2010, 254-268.

Boothroyd, Peter, Pham Xuan Nam (eds.). *Socioeconomic renovation in Viet Nam. The origin, evolution, and impact of Doi Moi*. International Development Research Centre Ottawa and Institute of Southeast Asian Studies. Singapore/Ottawa, 2000.

Bui, Cuong, Truong Si Anh. "Income-based social stratification in Vietnam 1998 –

2018". *In:* Tran Thi Anh-Dao. *Rethinking Asian capitalism. The achievements and challenges of Vietnam under Doi Moi.* Palgrave Macmillan. Cham, Switzerland, 2022, 205–219.

Chu Van Lam, "Doi Moi in Vietnamese agriculture". *In:* Turley, William S., Mark Selden. *Reinventing Vietnamese socialism. Doi Moi in comparative perspective.* Routledge Taylor & Francis Group. London/New York, NY, 2019, 151–164.

Deaton, Angus. *The great escape. Health, wealth, and the origins of inequality*. Princeton, NJ/Oxford. Princeton University Press, 2013.

Diez, Javier Revilla. "Vietnam 30 years after Doi Moi: achievements and challenges". *In: Zeitschrift für Wirtschaftsgeographie 60(3)*, January, 2016. Disponível em: https://www.researchgate.net/publication/309449779_Vietnam_30_years_after_Doi_Moi_Achievements_and_challenges. Acesso em: 14 out. 2022.

Edwards, Vincent, Anh Phan. *Managers and management in Vietnam. 25 years of economic renovation (Doi Moi)*. Routledge. London/New York, NY, 2013.

Elliott, David W.P. "Dilemmas of reform in Vietnam". *In:* Turley, William S., Mark Selden. *Reinventing Vietnamese Socialism. Doi Moi in Comparative Perspective.* Routledge Taylor & Francis Group. London/New York, NY, 2019, 53–94.

Furuta, Motoo. "The 6th Congress of the Communist Party of Vietnam: A turning point in the history of the Vietnamese communists". *In:* Mio Tadashi. *Indochina in transition, confrontation or co-prosperity*. Japan Institute of International Affairs. Toranomon, Minatoku, Tokyo, 1989, 1–19.

Gillespie, John, Albert H. Y. Chen (eds.). *Legal reforms in China and Vietnam. A comparison of Asian Communist regimes.* Routledge. London/New York, NY, 2010.

Giesenfeld, Günter. *Land der Reisfelder. Vietnam, Laos und Kambodscha. Geschichte und Gegenwart*. Argument Verlag. Hamburg, 2013.

Glewwe, Paul, Nisha Agrawal, David Dollar. *Economic growth, poverty, and household welfare in Vietnam*. World Bank Regional and Sectoral Studies. The International Bank for Reconstruction and Development, Washington, D.C., 2004.

Guanni, Lim. *The political economy of growth in Vietnam. Between states and markets.* Routledge. New York, NY, 2021.

Hayton, Bill. *Vietnam. Rising Dragon. New Edition*. Yale University Press. New Haven, CT/London, 2020.

Heberer, Thomas. Translated by Timothy J. Gluckman. *Private entrepreneurs in China and Vietnam. Social and political functioning of strategic groups*. Brill NV. Leiden, The Netherlands/Boston, MA, 2003. Disponível em: https://brill.com/

display/title/8288. Acesso em: 14 out. 2022.

Ho, Andy, with Joel Weiden. *Crossing the street. How to make a success of investing in Vietnam*. Harriman House. Petersfield, Hampshire, 2021.

Hồ Chí Minh, "Testament". *In: 45 years of president Ho Chi Minh's testament*. Vietnam Law and Legal Forum. September 29, 2014. Disponível em: vietnamlawmagazine.vn/45-years-of-president-ho-chi-minhs-testament-4550.html. Acesso em: 14 out. 2022.

Klump, Rainer, Gerd Mutz (eds.). *Doi Moi in Wirtschaft und Gesellschaft. Soziale und ökonomische Transformation in Vietnam*. Metropolis Verlag. Marburg, 2002.

Le Ngoc Dang, Dinh Dung Nguyen, Farhad Taghizadeh-Hesary. *State-owned enterprise reform in Viet Nam: progress and challenges*. Asian Development Bank Institute, Working Papers Series No. 1071, January 2020. Disponível em: https://www.adb.org/publications/state-owned-enterprise-reform-viet-nam-progress-challenges. Acesso em: 14 out. 2022.

Lim, David. *Economic growth and employment in Vietnam*. Routledge. London/New York, NY, 2014.

Mai Anh Hoang. *Understanding the causes of Vietnamese economic growth from 1986 to 2005*. Regiospectra Verlag. Berlin, 2011.

Mania, Elodie, Arsène Rieber, Tran Thi Anh-Dao. "Vietnam's WTO accession and the pathway to a global field: A critical perspective". *In:* Tran Thi Anh-Dao. *Rethinking Asian capitalism. The achievements and challenges of Vietnam under Doi Moi*. Palgrave Macmillan. Cham, Switzerland, 2022, 223–250.

Margara, Andreas. *Der Amerikanische Krieg. Erinnerungskultur in Vietnam*. regiospectra. Berlin, 2012.

Mio, Tadashi. "Vietnamese economic reforms: a period of trial and error and the present situation". *In:* Mio, Tadashi. *Indochina in transition, confrontation or co-prosperity*. Japan Institute of International Affairs. Toranomon, Minatoku, Tokyo, 1989, 20–56.

Napier, Nancy K., Dau Thuy Ha. *The bridge generation of Vietnam. Spanning wartime to boomtime*. CCI Press. Boise, ID, 2020.

Ngo Vinh Long. "Reform and Rural development: impact on class, sectoral, and regional inequalities". *In:* Turley, William S., Mark Selden. *Reinventing Vietnamese socialism. Doi Moi in comparative perspective*. Routledge Taylor & Francis Group. London/New York, NY, 2019, 165–207.

Nguyen, Tam T.T. *Vietnam und sein Transformationsweg. Die Entwicklung seit der Reformpolitik 1986 und aktuelle Herausforderungen*. Diplomica Verlag. Hamburg, 2014.

Nguyen Tri Hung. *The inflation of Vietnam in transition*. Centre for ASEAN Studies and Centre for International Management and Development. Antwerp, The Netherlands, January 1999.

Nguyen Trong Chuan, Nguyen Minh Luan, Le Huu Tang – with Peter Boothroyd and Sharon Manson Singer. "Social policy". *In:* Boothroyd, Peter, Pham Xuan Nam (eds.). *Socioeconomic renovation in Viet Nam. The origin, evolution, and impact of Doi Moi*. International Development Research Centre Ottawa and Institute of Southeast Asian Studies. Singapore/Ottawa, 2000, 141–172.

Nguyen Van Minh. "The transformation of mobility in post-Doi Moi". *In: Civilisations. Revue Internationale d'Anthropologie et de Sciences Humaines, No 69, s.i. 2020*. Disponível em: https://journals.openedition.org/civilisations/5770?lang=en. Acesso em: 14 out. 2022.

Opletal, Helmut (ed.). *Doi Moi. Aufbruch in Vietnam. Mit Beiträgen von Werner Clement, Dang Hoang Giang, Le Dang Doanh, Christa Esterházy, Georg Lennkh, Helmut Opletal, Oskar Weggel*. Brandes & Apsel Verlag. Frankfurt, 1999.

Pfeifer, Claudia. *Konfuzius und Marx am Roten Fluss. Vietnamesische Reformkonzepte nach 1975*. Horlemann Verlag. Bad Honnef, 1991.

Phan Le Ha, Doan Ba Ngoc. *Higher education in market-oriented socialist Vietnam, new players, discourses, and practices*. Palgrave Macmillan, Springer Nature. Cham, Switzerland, 2020.

Riest, Manfred. "Kriegsheldinnen, Männerersatz und viele Blumen – Vietnam hat gleich zwei Frauentage". *In: Neue Zürcher Zeitung*, March 8, 2021.

Rushing, Rosanne M., Charlotte Watts. *The new market economy (Doi Moi) in Viet Nam and its impact on young people*. Princeton EU Papers. Undated. Disponível em: https://ipc2005.popconf.org/papers/50294. Acesso em: 15 out. 2022.

Szalontai, Balazs. *The diplomacy of economic reform in Vietnam. The genesis of Doi Moi 1986–1989*. The Journal of Asiatic Studies 51(2), June 2008, 199–252. Disponível em: http://www.coldwar.hu/publications/Doi%20Moi%20Article.pdf. Acesso em: 15 out. 2022.

Stoffers, Andreas, Long Quang Pham. *Der aufsteigende Drache. Erfolgreich in Vietnam. Ein interkultureller Guide für alle, die in Vietnam arbeiten oder arbeiten wollen*. Springer Gabler. Wiesbaden, 2021.

Tarp, Finn. *Vietnam. The dragon that rose from the ashes*. United Nations University Unu-Wider. October 2018. Disponível em: https://ideas.repec.org/p/unu/wpaper/wp-2018-126.html. Acesso em: 15 out. 2022.

Tran Thi Anh-Dao. *Rethinking asian capitalism. The achievements and challenges of vietnam under Doi Moi*. Palgrave Macmillan. Cham, Switzerland, 2022.

Tran Thi Que, To Xuan Phuc. "The Doi Moi policy and its impact on the poor". *In: Social Watch Report 2003. The poor and the market*. Uruguay, 2003. Disponível em: https://www.socialwatch.org/node/11120. Acesso em: 15 out. 2022.

Turley, William S. "Introduction". *In:* Turley, William S., Mark Selden. *Reinventing Vietnamese socialism. Doi Moi in comparative perspective*. Routledge Taylor & Francis Group. London/New York, NY, 2019, 1–15.

Turley, William S. "Party, State, and people: political structure and economic prospects". *In:* Turley, William S., Mark Selden. *Reinventing Vietnamese socialism. Doi Moi in comparative perspective*. Routledge Taylor & Francis Group. London/New York, NY, 2019, 257–276.

Turley, William S., Mark Selden. *Reinventing Vietnamese socialism. Doi Moi in comparative perspective*. Routledge Taylor & Francis Group. London/New York, NY, 2019.

Vu Le Thao-Chi. *Agent orange and rural development in post-war Vietnam*. Routledge. New York, NY, 2020.

Weggel, Oskar. "Modernisierungspolitik in Vietnam". *In:* Opletal, Helmut (ed.). *Doi Moi. Aufbruch in Vietnam. Mit Beiträgen von Werner Clement, Dang Hoang Giang, Le Dang Doanh, Christa Esterházy, Georg Lennkh, Helmut Opletal, Oskar Weggel*. Brandes & Apsel Verlag. Frankfurt, 1999, 15–28.

Were, Graeme. *Representing Doi Moi: history, memory and shifting national narratives in late-socialist Vietnam*. International Journal of Heritage Studies, December 2017. Disponível em: https://www.tandfonline.com/doi/abs/10.1080/13527258.2017.1413677. Acesso em: 15 out. 2022.

Wolff, Peter. Vietnam. *Die unvollendete Transformation*. Weltforum Verlag. Cologne, 1997.

Wolz, Axel. "Transformation and development of agricultural co-operatives in Vietnam". *In:* Klump, Rainer, Gerd Mutz (eds.). *Doi Moi in Wirtschaft und Gesellschaft. Soziale und ökonomische Transformation in Vietnam*. Metropolis Verlag. Marburg, 2002, 11–42.

Womack, Brantly. "Political reform and political change in communist countries: implications for Vietnam". Turley, William S., Mark Selden. *Reinventing Vietnamese Socialism. Doi Moi in Comparative Perspective*. Routledge Taylor & Francis Group. London/New York, NY, 2019, 277–305.

World Bank Group. *From the last mile to the next mile, 2022 Vietnam Poverty and Equity Assessment*. 2022. Disponível em: https://openknowledge.worldbank.org/handle/10986/37952. Acesso em: 15 out. 2022.

World Bank Group. *Educate to grow, taking stock*. August 2022. Disponível em: https://

openknowledge.worldbank.org/handle/10986/37834. Acesso em: 15 out. 2022.

Wurfel, David. "Doi Moi in Comparative Perspective". *In:* Turley, William S., Mark Selden. *Reinventing Vietnamese socialism. Doi Moi in comparative perspective.* Routledge Taylor & Francis Group. London/New York, NY, 2019, 19–52.

Zitelmann, Rainer. *The rich in public opinion: what we think about when we think about wealth.* Cato Institute. Washington, D.C., 2020.

Zitelmann, Rainer. "Attitudes towards the rich in China, Japan, South Korea, and Vietnam". *Economic Affairs, Vol. 42, Issue 2,* June 2022, 210–224.

Polônia: A ascenção da águia branca

Aslund, Anders, Simeon Djankov (eds.). *The great rebirth. Lessons from the victory of capitalism over communism.* Peterson Institute for International Economics. Washington, D.C., 2014.

Balcerowicz, Leszek. *Post-communist transition: some lessons.* The Institute of Economic Affairs. London, 2001.

Balcerowicz, Leszek. *Socialism, capitalism, transformation.* Central European University Press. Budapest, London, New York, 1995.

Balcerowicz, Leszek. "Stabilization and reform under extraordinary and normal politics". *In:* Aslund, Anders; Simeon Djankov (eds.). *The great rebirth. Lessons from the victory of capitalism over communism.* Peterson Institute for International Economics. Washington, D.C., 2014, 17–38.

Dudek, Slawomir, Marcin Zielinski. *More free market or more market. How to strengthen post-pandemic recovery?* FOR Civil Development Forum. Warsaw, 2021.

Filar, Darius, *Rückkehr zum Staatseigentum, Dialog Forum. Perspektiven aus der Mitte Europas.* February 2019. Disponível em: https://forumdialog.eu/2019/02/21/rueckkehr-zum-staatseigentum/. Acesso em: 15 out. 2022.

Friszke, Andrzej, Antoni Dudek. *Geschichte Polens 1939 – 2015.* Brill Schöningh. Paderborn, 2022.

Gnauck, Gerhard. *Polen verstehen. Geschichte, Politik, Gesellschaft.* Klett-Cotta. Stuttgart, 2018.

Gomulka, Stanislaw. "Poland's economic growth in the global and long-term perspective. Until 2015, The last two years, forecast". *In: Civil development forum, perspectives for Poland. The polish economy from 2015-2017. Against the background of the previous years and future forecasts.* FOR Civil Development Forum. Warsaw, 2017. Disponível em: https://www.politico.eu/wp-content/uploads/2017/11/Report-Perspectives-for-Poland.-The-Polish-Economy-from-2015%E2%80%-

932017-Against-the-Background-of-the-Previous-Years-and-Future-Forecasts.pdf. Acesso em: 15 out. 2022.

Havrylyshyn, Oleh, Xiaofan Meng, Marian L. Tupy. *25 Years of reforms in ex-communist countries. Fast and extensive reforms led to higher growth and more political freedom.* Cato Institute, Policy Analysis. Washington, D.C., July 12, 2016, No. 795, 1–26. Disponível em: https://www.cato.org/policy-analysis/25-years-reforms-ex-communist-countries-fast-extensive-reforms-led-higher-growth. Acesso em: 15 out. 2022.

Jarosz-Nojszweska, Anna. "Unemployment in Poland in 1918-2018". *In: Kwartalnik Kolegium Ekonomiczno-Społecznego Studia i Prace 3 (35).* Warsaw, 2018, 102–120.

Kaminski, Bartlomiej. *The collapse of state socialism. The case of Poland.* Princeton University Press. Princeton, New Jersey, 1991.

Polish Agency for Enterprise Development. *Enterprise the Polish way*. Polish Agency for Enterprise Development/KARTA Centre. Warsaw, 2011. Disponível em: https://www.parp.gov.pl/storage/publications/pdf/2011_enterprise_en.pdf. Acesso em: 15 out. 2022.

Kienzler, Iwona. *Życie w PRL. I strasznie i śmiesznie*. Bellona. Warsaw, 2015.

Korys, Piotr. *Poland from partitions to EU accession. A modern economic history, 1772 – 2004*. Palgrave Macmillan. London, 2018.

Laszek, Aleksander, Rafael Trzeciakowski, Marcin Zielinski. *Poland: Stagnation or growth? Jobs, the rule of law, investments and innovations.* Civil Development Forum. Warsaw, February, 2021. Disponível em: https://for.org.pl/en/publications/for-reports/poland-stagnation-or-growth-jobs-the-rule-of-law-investments-and-innovations. Acesso em: 15 out. 2022.

Lenin, Vladimir Ilyich. "The new economic policy and the tasks of the political education departments". *In: V. I. Lenin Collected Works, Vol. 33, August 1921—March 1923, 2nd English Edition*. Progress Publishers. Moscow, 1965, 60–79.

Lewis, Ben. *Hammer and tickle, a history of communism told through communist jokes*. Phoenix. London, 2008.

Miller, Terry, Anthony B. Kim, James M. Roberts. *2022 Index of economic freedom*. The Heritage Foundation. Washington, D.C., 2022. Disponível em: https://www.heritage.org/index/pdf/2022/book/2022_IndexOfEconomicFreedom_FINAL.pdf. Acesso em: 15 out. 2022.

Mises, Ludwig von. *Socialism: an economic and sociological analysis*. Liberty Fund. Indianapolis, IN, 1981.

Piatkowski, Marcin. *Europe's growth champion. Insights from the economic rise of Poland*. Oxford University Press. Oxford, 2018.

Rae, Gavin. *Poland's return to capitalism. From the socialist bloc to the European Union*. Palgrave Macmillan. New York, NY, 2018.

Solska, Joanna. *80-te. Jak naprawdę żyliśmy w ostatniej dekadzie PRL*. Czerwone i Czarne. Warsaw, 2018.

Stodolak, Sebastian. *A single law can free the economy. Not for long, though*. Obserwator Finansowy.pl. Warsaw, December 16, 2013. Disponível em: https://www.obserwatorfinansowy.pl/in-english/a-single-law-can-free-the-economy-not-for-long-though/. Acesso em: 15 out. 2022.

Tatała, Marek. "It's not only the economy, stupid: progress in Poland after socialism". *In: Transformative transformation? 30 years of change in CEE: 4liberty.eu Review No. 11*, 114–127. Disponível em: http://4liberty.eu/transformative-transformation-30-years-of-change-in-cee-4liberty-eu-review-no-11-now-available-online/. Acesso em: 15 out. 2022.

Tatała, Marek, Eliza Rutynowska, Patryk Wachowiec. *Rule of law in Poland 2020: A Diagnosis of the deterioration of the rule of law from a comparative perspective*. Civil Development Forum. Warsaw, August 2020. Disponível em: https://for.org.pl/en/publications/for-reports/rule-of-law-in-poland-2020-a-diagnosis-of-the-deterioration-of-the-rule-of-law-from-a-comparative-perspective. Acesso em: 15 out. 2022.

Wojciechowski, Wiktor. "The labor market. Impact of actions after the elections of 2015: accelerated decline in the workforce". *In: Civil development forum, perspectives for Poland. The Polish economy from 2015-2017. Against the background of the previous years and future forecasts*. Disponível em: https://www.politico.eu/wp-content/uploads/2017/11/Report-Perspectives-for-Poland.-The-Polish-Economy-from-2015%E2%80%932017-Against-the-Background-of-the-Previous-Years-and-Future-Forecasts.pdf. Acesso em: 15 out. 2022.

Conclusão - A riqueza e a pobreza das nações

Bello, Omar, Adriana Bermúdez. "The incidence of labor market reforms on employment in the Venezuelan manufacturing sector, 1995 –2001". *In:* Hausmann, Ricardo, Francisco Rodríguez (eds.). *Venezuela Before Chávez. Anatomy of an Economic Collapse*. University Park, Pennsylvania, 2014, 115–155.

Hausmann, Ricardo, Francisco Rodríguez. "Why did Venezuelan growth collapse?" *In:* Hausmann, Ricardo, Francisco Rodríguez (eds.). *Venezuela before Chávez. Anatomy of an economic collapse*. University Park. Pennsylvania. 2014.

Riekenberg, Michael. *Kleine Geschichte Argentiniens*. Verlag C.H. Beck. Munich, 2009.

NOTAS

Capítulo 1

1 Smith, The Theory of Moral Sentiments, 15.

2 Id. 13.

3 Streminger, Adam Smith, 207.

4 Aßländer, Adam Smith, 41; Streminger, Adam Smith, 220–221.

5 Smith, The Wealth of Nations, 201.

6 Id. 232.

7 Para mais informações sobre o tema de intelectuais e capitalismo, ver Zitelmann, The Power of Capitalism, cap. 10.

8 Gilbert, "Adam Smith on the Nature and Causes of Poverty," 281.

9 Liu, Adam Smith's America, 295 n. 18.

10 Smith, The Wealth of Nations, 181.

11 Id. 465.

12 Id. 72.

13 Marx, Capital, vol. 1, 763.

14 Deaton, The Great Escape, 92.

15 McCloskey & Carden, Leave Me Alone and I'll Make You Rich, 41.

16 Norberg, Progress, 12.

17 Smith, citado por Dugald Stewart in Smith, Essays on Philosophical Subjects, 322.

18 Hayek, The Constitution of Liberty, 113.

19 Id. 112.

20 Smith, The Wealth of Nations, 399.

21 Mises, Socialism, 357.

22 Hayek, "Die überschätzte Vernunft," 117.

23 Rothbard, Economic Thought Before Adam Smith, 435.

24 Id. 451.

25 Id. 466.

26 Id. 468.

27 Fleischacker, Adam Smith, 287.

28 Smith, The Wealth of Nations, 305.

29 Id. 306.

Capítulo 2

1 Bremer, 50 Jahre Entwicklungshilfe, 7. Várias palavras aparecem em itálico no original.

2 Id. 44–45.

3 Id. 46.

4 Id. 52.

5 Id. 83–84.

6 Id. 62–63.

7 Id. 64.

8 Easterly, The White Man's Burden, 145.

9 Moyo, Dead Aid, 36.

10 Bremer, 50 Jahre Entwicklungshilfe, 75.

11 "630 Millionen Euro: Warum Deutschland Entwicklungshilfe an Weltmacht China zahlt," FOCUS online, August 24, 2021, https://www.focus.de/politik/ausland/630-millionen-euro-allein-im-jahr-2017-fast-10-milliarden-euro-seit-1979-darum-zahlt-deutschland-entwicklungshilfe-an-china_id_10817274.html.

12 Cf. Pinker, Enlightenment Now, 87; Rosling, Factfulness, 52; Fink & Kappner, "Globale Armut: Positive Entwicklung, negative Einschätzung"; and World Bank Group, Poverty and Shared Prosperity 2022: Correcting Course.

13 Burnside & Dollar, "Aid, Policies, and Growth."

14 Ovaska, "The Failure of Development Aid," 186.

15 Id. 187.

16 Easterly, "Can Foreign Aid Buy Growth?" 27.

17 Id. 30.

18 Id. 38.

19 Easterly, "Was Development Assistance a Mistake?" 329.

20 Id. 329.
21 Id. 330.
22 Id. 331.
23 Easterly, The White Man's Burden, 78.
24 Id. 88.
25 Id. 94.
26 Coase & Wang, How China Became Capitalist, 49.
27 Paldam, "The Aid Effectiveness Literature," 457.
28 Dreher & Langlotz, Aid and Growth, 20.
29 Id. 20.
30 Djankow, Montalvo & Reynal-Querol, "The Curse of Aid," 1.
31 Meegan, "Zero-Sum Bias," 12.
32 Rubin, "Folk Economics," 157–158.
33 Id. 158.
34 Cf. id. 162.

Capítulo 3

1 Napier & Ha, The Bridge Generation, 94.
2 Id. 96.
3 Id. 96–97.
4 Id. 98–99.
5 Id. 109.
6 Id. 109.
7 Id. 110–111.
8 Id. 125.
9 Id. 188.
10 Nguyen, Tam T.T., Vietnam und sein Transformationsweg, 84–85.
11 Tran Thi Anh-Dao, Rethinking Asian Capitalism, 3 n. 1.
12 Mio, "Vietnamese Economic Reforms," 24, tabelas 1 & 2.
13 Tarp, "Vietnam: The dragon throse from the ashes," 5.
14 World Bank Group, From the Last Mile to the Next Mile, 28, table 1.1.
15 Pfeifer, Konfuzius und Marx, 49.
16 "Verluste nach Kriegspartei im Vietnamkrieg 1955–1975," Statista Research Department, last modified August 16, 2023, https://de.statista.com/statistik/daten/studie/1165881/umfrage/verluste=-nach-kriegspartei-imvietnamkrieg/#:~:text-Im%20Vietnamkrieg%20in%20.

17 Pfeifer, Konfuzius und Marx, 49.
18 "Verluste nach Kriegspartei im Vietnamkrieg 1955–1975."
19 Tam T.T. Nguyen, Vietnam und sein Transformationsweg, 14.
20 Napier & Ha, The Bridge Generation, 120.
21 HôChí Minh, "Testament."
22 Tarp, "Vietnam: The dragon throse from the ashes," 4 n. 8.
23 Pfeifer, Konfuzius und Marx, 60.
24 Id. 61.
25 Vu Le Thao-Chi, Agent Orange, 24.
26 Id. 24.
27 Id. 55–56, tabelas 2.7 & 2.8.
28 Pfeifer, Konfuzius und Marx, 61.
29 Id. 67.
30 Tarp, "Vietnam: The dragon that rose from the ashes," 8.
31 Pfeifer, Konfuzius, 72.
32 Id. 82.
33 Ngo Vinh Long, "Reform and Rural Development," 166.
34 Napier & Ha, The Bridge Generation, 126.
35 Tam T.T. Nguyen, Vietnam und sein Transformationsweg, 17.
36 Tarp, "Vietnam: The dragon that rose from the ashes," 5.
37 Todas as imagens extraídas de Mai Anh Hoang, Understanding the Causes, 23, tabela 2.1.
38 Chu Van Lam, "Doi Moi in Vietnamese Agriculture," 153.
39 Ngo Vinh Long, "Reform and Rural Development," 172.
40 Id. 176.
41 Altrichter, Kleine Geschichte der Sowjetunion, 88.
42 Para mais informações, cf. Geisenfeld, Land der Reisfelder, 297 et seq.
43 Pfeifer, Konfuzius und Marx, 84.
44 Tarp, "Vietnam: The dragon throse from the ashes," 22.
45 Nguyen, Tam T.T., Vietnam und sein Transformationsweg, 17.
46 Pfeifer, Konfuzius und Marx, 86.
47 Mai Anh Hoang, Understanding the Causes, 23.
48 Vu Le Thao-Chi, Agent Orange, 25.
49 Tran Thi Anh-Dao, Rethinking Asian Capitalism, 7.
50 Id. 8.
51 Mai Anh Hoang, Understanding the Causes, 25.
52 Vu Le Thao-Chi, Agent Orange, 28.

53 Tam T.T. Nguyen, Vietnam und sein Transformationsweg, 20.

54 Wurfel, "Doi Moi in Comparative Perspective," 24.

55 Glewwe, Agrawal & Dollar, Economic Growth, Poverty, and Household Welfare, 1.

56 Szalontai, "The Diplomacy of Economic Reform in Vietnam," 215.

57 Nguyen Tri Hung, "The inflation of Vietnam in transition," 4, fig. 3.

58 Mio, "Vietnamese Economic Reforms," 32–33.

59 Entrevista com Nguyen Trong Hoa, 24 nov., 2022.

60 Id.

61 Entrevista com Nguyen Quoc Minh-Quang, 11 dez., 2022.

62 Entrevista com Vu Dinh Loc, 29 nov., 2022.

63 Id.

64 Szalontai, "The Diplomacy of Economic Reform in Vietnam," 216.

65 Id. 212.

66 Mio, "Vietnamese Economic Reforms," 39.

67 Szalontai, "The Diplomacy of Economic Reform in Vietnam," 217.

68 Id. 220.

69 Furuta, "The Sixth Congress of the Communist Party of Vietnam."

70 Id. 9–10.

71 Pfeifer, Konfuzius und Marx, 98.

72 Id. 98–99.

73 Quoted in Giesenfeld, Land der Reisfelder, 380.

74 Tam T.T. Nguyen, Vietnam und sein Transformationsweg, 24.

75 Quoted in Furuta,, "The Sixth Congress of the Communist Party of Vietnam," 15.

76 Id. 15.

77 Napier & Dau Thuy Ha, The Bridge Generation, 198.

78 Para mais informações, ver Turley, "Introduction," 7.

79 Wurfel, "Doi Moi in Comparative Perspective," 32; Turley, "Introduction," 7.

80 Tran Thi Anh-Dao, Rethinking Asian Capitalism, 7.

81 Id. 12.

82 Vu Le Thao Chi, Agent Orange, 39, tabela 2.2.

83 Id. 39, tabela 2.2.

84 "Emprego na agricultura (% do emprego total) (estimativa modelada ILO) - Vietnam" (International Labour Organization, "ILO modelled estimates database" ILOSTAT, accessed January 2021), World Bank, https://data.worldbank.org/indicator/SL.AGR.EMPL.ZS?locations=VN.

85 "Comtribuição para o PIB dos setores de agricultura, silvicultura e pesca no Vietnam de 2011 a 2022", Statista Research Department, modificado em 7 nov., 2023, https://www.statista.com/statistics/1027971/vietnam-gdp-contributionof-agriculture-forestry-and-fishing-sector/#:~:text=In%202021%2C%20.
86 Tam T.T. Nguyen, Vietnam und sein Transformationsweg, 27–28.
87 Wolz, Transformation and Development, 21.
88 Pfeifer, Konfuzius und Marx, 106.
89 Id. 107.
90 Id. 107.
91 Tam T.T. Nguyen, Vietnam und sein Transformationsweg, 45.
92 Id. 50.
93 Pfeifer, Konfuzius und Marx, 114.
94 Tam T.T. Nguyen, Vietnam und sein Transformationsweg, 51.
95 Id. 50.
96 Pfeifer, Konfuzius und Marx, 114–115.
97 Tam T.T. Nguyen, Vietnam und sein Transformationsweg, 34.
98 Hayton, Vietnam: Rising Dragon, 8–9.
99 Furuta, "The Sixth Congress of the Communist Party of Vietnam," 16.
100 Id. 16.
101 Id. 16.
102 Entrevista com Lam Duc Hung, 14 dez., 2022.
103 Turley, "Introduction," 8.
104 Tam T.T. Nguyen, Vietnam und sein Transformationsweg, 54–55.
105 Mania, Rieber & Tran Thi Anh-Dao, "Vietnam's WTO Accession,"225.
106 "Acordo Bilateral de Comércio entre os EUA e o Vietnã (BTA)" Embaixada e Consulado dos EUA no Vietnam, acesso em 12 dez., 2023, https://vn.usembassy.gov/the-u-s-vietnam-bilateral-trade-agreement-bta-resources-for-understanding.
107 "Handel zwischen Vietnam und den USA nach zehn Jahren Handelsabkommen," VOVWorld, last modified December 14, 2011, https://vovworld.vn/de-DE/politische-aktualitat/handel-zwischen-vietnam-und-denusa-nach-zehn-jahren-handelsabkommen-61686.vov.
108 Mania, Rieber & Tran Thi Anh-Dao, "Vietnam's WTO Accession," 245.
109 Id. 225.
110 Ho, Crossing the Street, 17.
111 Id. 8.
112 Id. 8.

113 Cf. Mai Anh Hoang, Understanding the Causes, 116.

114 Id. 125.

115 Id. 124.

116 U.S. Department of State, "2022 Investment Climate Statements: Vietnam," acesso em 12 dez., 2023, https://www.state.gov/reports/2022-investmentclimate-statements/vietnam/.

117 World Bank Group, From the Last Mile to the Next Mile, 58.

118 Id. 58.

119 Entrevista com Vu Dinh Loc, 29 nov., 2022.

120 Entrevista com Nguyen Trong Hoa, 24 nov., 2022.

121 Entrevista com Nguyen Thi Quạt, 5 dez., 2022.

122 Entrevista com Nguyen Quoc Minh-Quang, 11 dez., 2022.

123 Mai Anh Hoang, Understanding the Causes, 30.

124 Id. 33.

125 World Bank Group, From the Last Mile to the Next Mile, 28, tabela 1.1.

126 Id. 28, tabela 1.1.

127 René Muschter, "Vietnam: Lebenserwartung bei der Geburt aufgeschlüsseltnach Geschlecht von 1950 bis 2022 und Prognosen bis 2050," Statista, last modified January 12, 2023, https://de.statista.com/statistik/daten/studie/751227/umfrage/lebenserwartung-in-vietnam/#:~:text=Im%20Jahr%202021%20betrug%20die.

128 "Vietnam: Human development," The Global Economy, acesso em 12 dez., 2023, https://www.theglobaleconomy.com/Vietnam/human_development/.

129 Id.

130 World Bank Group, From the Last Mile to the Next Mile, 4.

131 Id. 4.

132 Id. 8.

133 Bui & Truong Si Anh, "Income-Based Social Stratification in Vietnam," 210, tabela 9.1.

134 Deaton, The Great Escape, 89.

135 The Cuong Bui & Si Anh Truong, "Income-Based Social Stratification in Vietnam," 212, table 9.2.

136 World Bank Group, From the Last Mile to the Next Mile, 42.

Notes / 203

137 Nguyen Trong Chuan, Nguyen Minh Luan & Le Huu Tang, "Social Policy," 153.

138 Id. 153.

139 Id. 153.
140 Id. 157.
141 Id. 158.
142 Id. 158.
143 Id. 155 n. 23.
144 Id. 158.
145 World Bank Group, From the Last Mile to the Next Mile, 39, tabela 1.5.
146 Houtart, citado em Giesenfeld, Land der Reisfelder, 389.
147 Id. 390.
148 Zitelmann, "Attitudes towards the rich."
149 "Frauen in Führungspositionen in der EU," Statistiches Bundesamt (Destatis), acesso em 12 dez., 2023, https://www.destatis.de/Europa/DE/Thema/Bevoelkerung-Arbeit-Soziales/Arbeitsmarkt/Qualitaet-der-Arbeit/_dimension-1/08_frauen-fuehrungspositionen.html#:~:text=Lettland%20war%20mit%20einem%20.
150 Rist, "Kriegsheldinnen, Männerersatz und viele Blumen."
151 "How a Vietnamese Businesswoman Became a Billionaire Thanks to Bikinis," Fortune, 14 abr., 2017, https://fortune.com/2017/04/14/vietjet-bikinibillionaire/.
152 "Nguyen Thi Phuong Thao takes VietJet from 'bikini flights' to IPO in 5 years," CNBC, updated May 25, 2016, https://www.cnbc.com/2016/05/24/nguyen-thi-phuong-thao-takes-vietjet-from-bikini-flights-to-ipo-in-5-years.html.
153 Ho, Crossing the Street, 104.
154 Id. 107.
155 Id. 101.
156 Id. 107.
157 Le Ngoc Dang, Dinh Dung Nguyen & Taghizadeh-Hesary, "State-Owned Enterprise Reform in Viet Nam," 2.
158 Id. 2.
159 Id. 3.
160 Id. 2.
161 Id. 4, tabela 2.
162 Id. 6, fig. 4.
163 Id. 8, tabela 3.
164 Beresford, "The Development of Commercial Regulation," 263.
165 Ho, Crossing the Street, 43.
166 Beresford, "The Development of Commercial Regulation," 263.

167 "Beschleunigung der Privatisierung staatlicher Unternehmen," VOVWorld, November 23, 2018, https://vovworld.vn/de-DE/politische-aktualitat/beschleunigung-der-privatisierung-staatlicher-unternehmen-701892.vov.

168 Beresford, "The Development of Commercial Regulation," 260.

169 Id. 261.

170 Id. 264.

171 Id. 262.

172 "Korruption in Vietnam," Laenderdaten.info, acesso em 12 dez., 2023, https://www.laenderdaten.info/Asien/Vietnam/korruption.php.

173 Ha Linh Bui, "Videoüberwachung und Todesstrafen: Vietnams Kampf gegen die Korruption," Friedrich Naumann Stiftung, 22 jul., 2020, https://www.freiheit.org/de/videoueberwachung-und-todesstrafen-vietnams-kampf-gegen-die-korruption.

174 Id.

175 Womack, "Political Reform and Political Change," 282.

176 Wurfel, "Doi Moi in Comparative Perspective," 19.

177 Turley, "Party, State, and People," 265.

178 Id. 266.

179 Szalontai, "The Diplomacy of Economic Reform in Vietnam," 241–242.

180 Id. 212.

181 Elliott, "Dilemmas of Reform in Vietnam," 73.

182 Wurfel, "Doi Moi in Comparative Perspective," 20.

183 Turley, "Party, State, and People," 259.

184 Id. 259.

185 Id. 263.

186 Id. 263.

187 Wurfel, "Doi Moi in Comparative Perspective," 46.

188 Id. 38

189 Id. 38–39.

190 Turley, "Introduction," 8.

191 Wurfel, "Doi Moi in Comparative Perspective," 41.

192 Id. 34–35.

193 Turley, "Party, State, and People," 272.

194 KDevlin, "40 years after fall of Saigon, Vietnamese see U.S. as key ally," Pew Research Center, April 30, 2016, https://www.pewresearch.org/shortreads/2015/04/30/vietnamese-see-u-s-as-key-ally/.

195 Margara, Der amerikanische Krieg, 54.

196 Vu Le Thao Chi, Agent Orange, 7.

197 Margara, Der amerikanische Krieg.

198 Id. 101–102.

199 Napier & Dau Thuy Ha, The Bridge Generation, 213–214.

200 Em países da UE e nos EUA, a pesquisa utilizou o termo "milionário". Isso não faria sentido no Vietnam, já que em sua moeda praticamente todo mundo é milionário. Dez milhões de đồng equivalem a apenas €400,000. (Não foi usado o valor de €1 milhão da pesquisa na Europa, mas um número mais baixo, mais adequado às condições locais. O objetivo não era uma soma exata, mas que os entrevistados associassem uma ideia similar ao termo "rico".)

Capítulo 4

1 Kienzler, Życie w PRL. I strasznie i śmiesznie, 300.

2 Solska, 80-te. Jak naprawdę żyliśmy w ostatniej dekadzie PRL, 52.

3 Lewis, Hammer and Tickle, 210.

4 "GDP per capita (constant LCU) – Poland," World Bank, accesso em 12 dez., 2023, https://data.worldbank.org/indicator/NY.GDP.PCAP. KN?locations=PL.

5 Ralf Mielke, "Im Wirtschaftswunderland," Deutsche Bank, acesso em 12 dez., 2023, https://www.deutsche-bank.de/ms/results-finanzwissenfuer-unternehmen/international/01-2020_im-wirtschaftswunderland.html; e Bruno Urmersbach, "Europäische Union: Einwohnerzahl in: denEU-Mitgliedstaaten im Jahr 2023 und Prognosen bis zum Jahr 2100," Statista, 5 set., 2023, https://de.statista.com/statistik/daten/studie/164004/umfrage/prognostizierte-bevoelkerungsentwicklung-in-den-laendernder-eu/.

6 Miller, Kim & Roberts, 2022 Index of Economic Freedom, Heritage Foundation.

7 Id. 452–454.

8 Prof. Dr. Stefan Garsztecki, "Analyse: Deutsche Kriegsreparationen an Polen? Hintergründe und Einschätzungen eines nicht nur innerpolnischen Streites," Bundszentrale für politische Bildung, 27 nov., 2018, https://www.bpb.de/themen/europa/polen-analysen/281439/analyse-deutschekriegsreparationen-an-polen-hintergruende-und-einschaetzungen-einesnicht-nur-innerpolnischen-streites/.

9 Informações sobre a exposição "Faces do Totalitarismo" do Karta Archive na Polônia: "Repressão soviética após1939".

10 Gnauck, Polen verstehen, 101.

11 Id. 102.

12 Korys, Poland from Partitions to EU Accession, 287–288.

13 Friszke & Dudek, Geschichte Polens, 179.

14 Korys, Poland from Partitions to EU Accession, 267.

15 Friszke & Dudek, Geschichte Polens, 187.

16 Id. 188.

17 Id. 197.

18 Korys, Poland from Partitions to EU Accession, 268.

19 Id. 295.

20 Piatkowski, Europe's Growth Champion, 88, tabela 3.1.

21 Id. 89.

22 Id. 90.

23 Id. 90.

24 Id. 90–91.

25 Friszke & Dudek, 204.

26 Id. 205.

27 Id. 220.

28 Id. 221.

29 "Inicjatywa na marginesie," Karta Nr. 26, 1998, Relatório de Cracóvia, julho de 1950, in: PARP, Enterprise the Polish Way, 26.

30 Friszke & Dudek, Geschichte Polens, 244.

31 Id. 268.

32 Id. 282.

33 Id. 286.

34 Rae, Poland's Return to Capitalism, 45.

35 Friszke & Dudek, Geschichte Polens, 391.

36 Kienzler, Życie w PRL. I strasznie i śmiesznie, 55.

37 Solska, 80-te. Jak naprawdę żyliśmy w ostatniej dekadzie PRL, 136.

38 Id. 117.

39 Id. 53.

40 Wojciech Oleksiak, "10 Mind-Boggling Oddities of Poland Under the Communist Regime: 9. You needed to wait 20 years to have a phone installed", Culture.pl, acesso em 12 dez., 2023, https://culture.pl/en/article/10-mind-boggling-oddities-of-poland-under-the-communist-regime.

41 Leszczyńska, Polska 1918–2018 (Central Statistical Office of Poland), 272

42 Statistisches Jahrbuch 1990 für die Bundesrepublik Deutschland; Statistisches Jahrbuch 1991 für das vereinigte Deutschland; Sozialreport 1990 (Daten und Fakten zur sozialen Lage in der DDR); Datenreport 2008.

43 Leszczyńska, Polska 1918–2018.

44 Statistisches Jahrbuch 1990 für die Bundesrepublik Deutschland.

45 Mieczyslaw F. Rakowski, Dzienniki polityczne 1972–1975 (Varsóvia, 2002), citado em PARP, Enterprise the Polish Way, 32. A tradução original do polonês para o inglês foi modificada para ser mais legível.

46 Korys, Poland from Partitions to EU Accession, 294. A tradução original do polonês para o inglês foi modificada para ser mais legível.

47 Kienzler, Życie w PRL. I strasznie i śmiesznie, 136–137.

48 "Pan Krzysio i handel zagraniczny," Wprost Nr. 27/1986, in PARP, Enterprise the Polish Way, 39. A tradução original do polonês para o inglês foi modificada para ser mais legível.

49 "the christmas tale of food polka. oranges and irony," foodpolka.com, 24 dez., 2013, https://foodpolka.com/2013/12/24/the-christmas-tale-offood-polka-oranges-and-irony/.

50 Kaminski, The Collapse of State Socialism, 51.

51 Id. 52.

52 Id. 73.

53 Id. 73.

54 Para mais detalhes, cf. Korys, Poland from Partitions to EU Accession, 278 et seq.

55 Rae, Poland's Return to Capitalism, 49, 53.

56 Id. 54.

57 Piatkowski, Europe's Growth Champion, 125.

58 Id. 126.

59 Id. 126.

60 Id. 127.

61 Id. 127.

62 Friszke & Dudek, Geschichte Polens, 326

63 Id. 329.

64 Id. 417.

65 Stodolak, "A Single Law Can Free the Economy," sem número.

66 Lenin, "The New Economic Policy," 63.

67 Id. 64.

68 Baberowski, Scorched Earth, 68.

69 Journal of Laws of the Republic of Poland, No. 109/2000, citado em PARP, Enterprise the Polish Way, 40.

70 Leszek Kostrzewski & Piotr Miaczynski, 20 lminelo (Warsaw, 2009), citado em PARP, Enterprise the Polish Way, 41.

71 Stodolak, "A Single Law Can Free the Economy," sem número.

72 Balcerowicz, "Stabilization and Reforms," 19.

73 Id. 20.

74 Rae, Poland's Return to Capitalism, 48.

75 Piatkowski, Europe's Growth Champion, 93.

76 Balcerowicz, Socialism, Capitalism, Transformation, 315, tabela 16.1.

77 Id. 316.

78 Id. 307.

79 Id. 323–324.

80 Id. 324.

81 Rae, Poland's Return to Capitalism, 56.

82 Balcerowicz, Socialism, Capitalism, Transformation, 325, tabela 16.2.

83 Rae, Poland's Return to Capitalism, 61.

84 Balcerowicz, Socialism, Capitalism, Transformation, 323.

85 Piatkowski, Europe's Growth Champion, 169; apra desemprego de longo prazo, cf. Rae, Poland's Return to Capitalism, 64, tabela 3.5.

86 "Wirtschaft im Sozialismus: Wie die DDR Arbeitslose versteckte," News. de, 20 mai., 2009, https://www.news.de/wirtschaft/834923025/wirtschaft-imsozialismus-wie-die-ddr-arbeitslose-versteckte/1/.

87 Ewa Zjawiona, "Kształtowanie się rynku pracy w Polsce przed i po przekształceniach systemowych," Studenckie Prace Prawnicze, Administratywistyczne i Ekonomiczne 2 (2004): 99–111, https://www.repozytorium.uni.wroc.pl/Content/34836/PDF/009.pdf.

88 Barbara Brylska, "Aktywna polityka rynku pracy w Polsce," Annales Universitatis Mariae Curie-Skłodowska, Sectio H, Oeconomia 31 (1997): 1–14, https://bazhum.muzhp.pl/media/files/Annales_Universitatis_Mariae_Curie_Sklodowska_Sectio_H_Oeconomia/Annales_Universitatis_Mariae_Curie_Sklodowska_Sectio_H_Oeconomia-r1997-t31/Annales_Universitatis_Mariae_Curie_Sklodowska_Sectio_H_Oeconomia-r1997-t31-s1-14/Annales_Universitatis_Mariae_Curie_Sklodowska_Sectio_H_Oeconomia-r1997-t31-s1-14.pdf

89 Jarosz-Nojszewska, "Unemployment in Poland in 1918–2018."

90 Kienzler, Życie w PRL. I strasznie i śmiesznie, 244.

91 Lewis, Hammer and Tickle, 291. A tradução original do polonês para o inglês foi modificada para ser mais legível.

92 Balcerowicz, Socialism, Capitalism, Transformation, 328.

93 Id. 328.

94 Id. 329.

95 In: Kobieta i zycie Nr. 42/1990, citado em PARP, Enterprise the Polish Way, 46. A tradução original do polonês para o inglês foi modificada para ser mais legível.
96 Cash No 22/1993, citado em PARP, Enterprise the Polish Way, 78.
97 Balcerowicz, Socialism, Capitalism, Transformation, 329.
98 Id. 333.
99 Todos os dados extraídos de Balcerowicz, Socialism, Capitalism, Transformation, 334, tabela 16.3.
100 Piatkowski, Europe's Growth Champion, 127.
101 Gomulka, "Poland's Economic Growth," unnumbered.
102 Piatkowski, Europe's Growth Champion, 114–115.
103 Id. 128.
104 Id. 130.
105 Id. 131.
106 Id. 139.
107 Id. 146.
108 Balcerowicz, Socialism, Capitalism, Transformation, 333.
109 Adriana Sas, "Number of deaths attributable to air pollution in Poland from 1990 to 2019," Statista, 13 jan., 2022, https://www.statista.com/statistics/827777/air-pollution-deaths-poland/.
110 Piatkowski, Europe's Growth Champion, 147–148.
111 Tatała, "It's Not Only the Economy, Stupid," 122.
112 "CO2 emissions (metric tons per capita) – Poland," World Bank, accesso em 12 dez., 2023, https://data.worldbank.org/indicator/EN.ATM.CO2E. PC?locations=PL.
113 Piatkowski, Europe's Growth Champion, 150.
114 "Polen: Lebenserwartung bei der Geburt, gesamt (Jahre)," Tilasto, acesso em 12 dez., 2023, https://www.tilasto.com/land/polen/bevoelkerung-undgesundheit/lebenserwartung-bei-der-geburt-gesamt.
115 Piatkowski, Europe's Growth Champion, 260.
116 Balcerowicz, "Stabilization and Reforms," 25.
117 Id. 24.
118 Piatkowski, Europe's Growth Champion, 167.
119 Id. 167.
120 Id. 171.
121 Havrylyshyn, Meng & Tupy, "25 Years of Reforms," 1.
122 Id. 13–14.
123 Id. 17.

124 Cf. id. 15.

125 Id. 22.

126 Balcerowicz, Post-Communist Transition, 18.

127 Id. 49.

128 Balcerowicz, "Stabilization and Reforms," 27.

129 Balcerowicz, Socialism, Capitalism, Transformation, 309.

130 Tatała, "It's Not Only the Economy, Stupid," 117.

131 Balcerowicz, Socialism, Capitalism, Transformation, 308.

132 Id. 308.

133 Id. 263.

134 Balcerowicz, "Stabilization and Reforms," 27.

135 Datas de id. 17.

136 Id. 34.

137 Id. 35.

138 Id. 28.

139 Id. 28.

140 Dudek & Zielinski, "More free market or more government?" 7.

141 Id. 7–8.

142 Wojciechowski, "The Labor Market," sem número.

143 Id.

144 Laszek, Trzeciakowski & Zielinski, "Poland: Stagnation or Growth?" 4.

145 Filar, "Rückkehr Staatseigentum."

146 "Poland," 2022 Index of Economic Freedom, Heritage Foundation, 14 fev., 2022, https://www.heritage.org/index/pdf/2022/countries/2022_IndexofEconomicFreedom-Poland.pdf.

147 Id.

148 Tatała, Rutynowska & Wachowiec, "Rule of Law in Poland 2020," 18.

149 Id. 14.

150 Laszek, Trzeciakowski & Zielinski, "Poland: Stagnation or Growth?" 5.

151 Id. 5.

152 Para o método exato, cf. Zitelmann, The Rich in Public Opinion, 160 et seq.

Conclusão

1 Ver Figura 3.10 na página 113.

2 Ver Figura 3.3 na página 107.

3 Rieckenberg, Geschichte Argentiniens, 110.
4 Id. 148–149.
5 Hausmann & Rodríguez, "Introduction," 1.
6 Bello & Bermúdez, "The Incidence of Labor Market Reforms," 117.

INDICE ONOMÁSTICO

Este livro foi impresso nas oficinas gráficas da Editora Vozes Ltda.,
Rua Frei Luís, 100 – Petrópolis, RJ.